A Portmann

Das System der theologischen Summe des hl. Thomas von Aquin

A Portmann

Das System der theologischen Summe des hl. Thomas von Aquin

ISBN/EAN: 9783744627405

Hergestellt in Europa, USA, Kanada, Australien, Japan

Cover: Foto ©Lupo / pixelio.de

Weitere Bücher finden Sie auf **www.hansebooks.com**

Das System

der

theologischen Summe

des

hl. Thomas von Aquin.

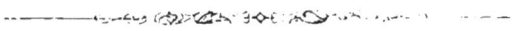

Von

A. Portmann.

Prof. Theol.

Luzern,
Buchdruckerei von Gebrüder Räber.
1885.

Das System
der theologischen Summe des hl. Thomas von Aquin.

Einleitung.

Gott, als das absolut eine und doch unendlich vollkommene reiche Sein hat als Abbild seines Wesens die Welt also erschaffen, daß durch deren unendliche Mannigfaltigkeit seine Seinsfülle, durch deren harmonische Ordnung seine Einheit nachgebildet würde, so daß sie, wie schon die Alten erkannten, eine geordnete Einheit, einen Kosmos oder Universum bildet. In dieser Welt selbst aber ist wiederum das Geeintste und doch Inhaltsreichste der denkende Geist, der in seinem allbildsamen Erkennen jene unendliche Mannigfaltigkeit des Kosmos gleichsam als einen reflexen Lobeshymnus auf die Gottheit in sich wiederspiegelt, aber wegen seiner Einheit in sich auch die Tendenz hat, all' die bunte Mannigfaltigkeit der Dinge als eine Einheit zu erfassen, unter einem einheitlichen Gesichtspunkt zu betrachten und dies um so mehr, je mehr geeint er selbst, auf einer je höhern Stufe der Geistigkeit und Entwicklung er steht. — Deßhalb, weil so die Welt objektiv eine geordnete Vielheit, ein systematisches abgerundetes Kunstwerk des göttlichen Denkers und Künstlers ist und weil subjectiv wegen seiner Einheit der denkende Geist nach einer einheitlichen Weltauffassung ringt: so beobachten wir in der Geschichte der Wissenschaft, die nichts anderes als ein Spiegelbild der Wirklichkeit und ein Nachdenken des göttlichen Schöpfungsgedankens sein soll, zu allen Zeiten einerseits ein freudiges Sichversenken in die bunte Mannigfaltigkeit der Dinge, ein hingebendes Studium alles Einzelnen und Besonderen — die Detailforschung; andererseits nach einigermaßen abgeschlossener Detailforschung das Bestreben des zusammenstellenden und unterscheidenden Verstandes, das gesammte Material zu gruppiren nach Gattungen und Arten, den logischen und innern Zusammenhang der Dinge und Begebenheiten zu erforschen, das Viele und Mannigfaltige einheitlich zusammenzustellen — die Systembildung (von σνίστημι zusammenstellen, σύστημα zusammengesetztes Ganzes). War jenes mehr Aufgabe der Realwissenschaft, so dieses der Philosophie, der Speculation und wie die Abstraction der Einheit und der Vielheit immer später als die Erkenntniß des Einzelnen und Besonderen, so folgt auch die Systembildung immer einer relativ abgeschlossenen Realkenntniß nach, bildet gleichsam die Krone oder den Schlußstein einer Culturepoche.

So sehen wir denn auch in verhältnißmäßig ziemlich später Zeit die ersten Systeme der Wissenschaft bei den Griechen und zwar bezeichnend eben bei den sog. Philosophen. Mit einer wahrhaft großartigen einheitlichen Weltauffassung überrascht gleich die älteste Schule, die der Pythagoräer. Doch erst bei den Koryphäen der griechischen Philosophie, bei Platon und Aristoteles gewinnt die Systembildung einen eigentlich wissenschaftlichen Charakter: indem Platon die Welt vom Demiurgen nach ewigen Ideen gebildet sein läßt, erscheint sie als ein geordnetes

Kunstwerk, als ein Kosmos und indem Aristoteles in logischer Ueber- und Unterordnung alle wissenswerthen Dinge gliedert und mit seiner Theorie von der Bewegung der Himmelskörper in wissenschaftlicherer Form die pythagoräische Sphärentheorie adoptirt, wird er der größte Systematiker seiner Zeit, von dessen Höhe die Spätern wieder herabsinken. Uebrigens zu einer vollständig einheitlichen harmonischen Weltanschauung konnte es das Heidenthum wegen seinem Polytheismus, der Verkennung der Providenz und Unfähigkeit der Erklärung des Bösen resp. Mangel einer versöhnenden Erlösungslehre niemals bringen; das konnte erst das Christenthum und zwar eben mit seinem klar ausgeprägten Monotheismus, seiner Lehre von der bis in's Einzelnste gehenden Vorsehung und von der Erlösung in Christus.

Darum sehen wir denn auch von jetzt an erst eine vollständig abgerundete systematische Weltanschauung sich gestalten, während ein jeder Abfall vom Christenthum auch wieder eine Dissonanz in dieselbe hineinbringt. Und zwar könnte man sagen, daß diese christliche Systematik in ihrer Entwicklung parallel und analog verlauft mit der Entwicklung des christlichen Kirchenbaues. Wie dieser, auf die Grundform des Kreuzes gestellt, sich zu immer größerer Einheit durcharbeitet durch den Basiliken-, byzantinischen, romanischen und gothischen Baustyl, bis die Renaissance in neue Bahnen lenkt, so ist die christliche Systematik gestellt auf den Grundriß des apostol. Glaubensbekenntnisses mit seiner großen Dreitheilung des Werkes der Schöpfung durch den Vater, der Erlösung durch den Sohn und der Heiligung und Vollendung durch den hl. Geist, und an diese Eintheilung legen sich nun, gleichsam als an ihren krystallinischen Kern die meisten nun folgenden Systeme an, die nach immer größerer einheitlicher logischer Durchbildung ringen, und zwar merkwürdiger Weise auch fast gleichzeitig mit den Hauptepochen der kirchlichen Baukunst. Als der erste Systematiker des Christenthums erscheint Origenes; an ihn lehnen sich an die großen Kappadocier und hier haben wir bereits an Gregor v. Nyssa's „großer Katechese" eine einheitliche Darstellung der gesammten christlichen Lehre. Zum Abschluß wird aber das System der christlichen Weltanschauung in der patrist. Periode gebracht durch den genialsten Kirchenvater, den hl. Augustin und zwar besonders in den Schriften: Enchiridion de fide spe et charitate und de fide et symbolo, wovon das eine das Glaubensbekenntniß, das andere die drei theol. Tugenden zum Eintheilungsprinzip macht, in mehr spekulativer Weise in de doctrina christiana lib. IV. (das später für Petrus Lombardus maßgebend wurde) und besonders in dem großen Werke: de civitate Dei, wo zuerst eine einheitliche philosophische Auffassung der Weltgeschichte unter dem Gesichtspunkte des Kampfes des Reiches Gottes und der Welt mit der Erlösung Christi als Mittelpunkt durchgeführt wird. So steht Augustin als der größte Systematiker des kirchlichen Alterthums da, der nur noch mehr nach der mystischen Seite ergänzt wird, durch die auch ein einheitliches Ganzes bildenden Schriften des Dionysius Areopagita: de divinis nominibus, de coelesti et ecclesiastica hierarchia et de mystica theologia. Die Periode aber könnte verglichen werden mit der Periode des Basilikenstyls im Kirchenbau. Wie dann das römische Reich abgeschlossen wird durch das byzantinische Kaiserthum, das auch unter Justinian seinen eigenen Baustyl ausgestaltet, in dem sog. byzantinischen, so hat auch diese Periode ihr abschließendes systematisches Werk in dem im Mittelalter viel gebrauchten theol. Compendium des Joh. Damascenus: de fide orthodoxa.

Die nun folgende Periode der Völkerwanderung und der Neugestaltung des Abendlandes in der allmäligen Herausbildung des Carolingerreiches ist mehr eine Zeit des Ueberganges, in der die Resultate der patrist. Vergangenheit hinübergerettet wurden in eine neue Zeit, und so sind auch die Systeme dieser Zeit mehr Sammelwerke. Eines der beliebtesten wurde das liber ethymologiarum des Isidor von Sevilla und seine drei Bücher Sentenzen, die bis auf das Sentenzenbuch des Lombarden vielfach im Schulgebrauch waren. Ein durchaus original durchdachtes System schafft aber zum Abschluß dieser Periode und zur Ueberleitung in die folgende Scotus Erigena in seinem liber de divisione naturae, in dem er die Ideenlehre zur Grundlage macht und besonders an Dionysius Areopagita anknüpft, dabei jedoch nicht von allen neuplatonischen Irrthümern frei bleibt. — Damit ist nun eine neue Zeit eingeleitet, in der sich die Speculation und damit auch die Systematik weiter entwickelt, ähnlich wie der nun auftretende romanische Styl aus der Basilika. Bahnbrechend steht hier da: Anjelmus von Canterbury mit seiner deductiven Methode, wodurch die Scholastik begründet wird und dessen Schriften unter sich ein einheitliches Ganzes darstellen. Knüpft er besonders an Augustinus an so die nun folgenden Mystiker, ein Bernhard von Clairvaur und die Victoriner mehr an Dionysius Areopagita; aber auch ihre Mystik ist eine Art systematisches Fortschreiten durch die via purgativa illuminativa und unitiva zur Vereinigung mit Gott. Unterdessen entfaltete sich die Wissenschaft immer mehr in die Breite, das Material häufte sich, verlangte eine Systematisirung und so entstanden die Sammelwerke ähnlich denen in der Carolingerzeit, die eine größere Mannigfaltigkeit als die eben angezogenen Werke zeigen, die aber nicht von jenem einheitlichen speculativen Gedanken durchdrungen sind. Am berühmtesten wurden von solchen theolog. Handbüchern die lib. IV. sententiarum des Petrus Lombardus. Er lehnte sich im Namen an Isidor, in der Eintheilung, wie schon angedeutet, an die Schrift des hl. Augustin, de doctrina christiana, an und theilte danach das ganze theologische Material ab in res und signa, unter letztern die Sacramente verstehend, während er erstere, nämlich die biblischen Thatsachen, behandelt in den drei Abtheilungen: von Gott, von der Schöpfung und von dem Mittler Christus. So kam er zu seinen vier libri, die nun in schulgerechter Form, in distinctiones und quaestiones abgetheilt, die einschlägigen Fragen positiv und speculativ auf Grund der Schrift und Väter behandeln. Dadurch wurde sein Buch besonders für den Schulgebrauch ein sehr praktisches, weshalb es mehr als ein Jahrhundert das beliebteste Lehrbuch war und der Lombarde schlechthin nur der „Magister" genannt wurde. Die Lehrer knüpften an dasselbe ihre Fragen und Disputationen und so entstunden dann die sog. commentaria in sententiar. libr. Magistri, die den Text des Buches eintheilten, erklärten und daran in der Form von aufgeworfenen Schwierigkeiten difficultates und deren Beantwortung, responsio, Specialuntersuchungen knüpften. Solcher Commentare zum Magister schrieben die größten Theologen bis in's 14. Jahrhundert hinein, so auch Thomas (vgl. Bonaventura, Duns Scotus 2c.). — So bequem nun so das Buch war, so hatte es doch seine Schwächen und diese Commentare für die Schüler ihre Unzukömmlichkeiten. Das System war ein nicht genugsam organisch und logisch gegliedertes und die daran geknüpften quaestiones mußten wegen ihrer bunten Mannigfaltigkeit die Uebersicht erschweren. Deshalb suchte man nach einer noch einheitlicheren Gliederung, in welcher nach der eingeschlagenen Methode von difficultates und responsio das ganze Gebiet der Theologie behandelt würde. Ein solches System war dann eine Art Inbegriff der gesammten Theologie und man nannte es deßhalb **Summa = Inbegriff.** Die ersten „Summen" wurden geschrieben von Robert von Melun und Stephan Langton, ihnen folgten nach, berühmter: Alexander Hales, der im Auftrag Innocenz IV. auf Grund der Schriften des Hugo v St. Victor und der Sentenzen des Lombarden eine Summa in vier Folio schrieb und Albertus Magnus.

Die einheitliche Gliederung wird übrigens nicht gleich auf einen Schlag erreicht und es ist interessant zu beobachten, wie ein Hales und Albertus darnach ringen und im Unterschied zum Lombarden die Materien umstellen. So theilt Hales (vgl. Incunab. auf der Kantonsbibliothek Luzern) ab: 1. de Deo, 2. de creatione in genere et in specie; de Angelis de natura corporali, de homine, dann die Lehre vom Urstand und der Ursünde und nun merkwürdig daran anknüpfend den Theil der Moral, den man de peccato betitelt, hierauf 3. die Erlösungslehre und nun daran anschließend den andern Theil der Moral, de virtutibus, und die allgemeinen Parthien: de lege et gratia, woranf dann als vierter Theil die Sacramentenlehre folgt. Wieder anders Albertus (vgl. edit. Jammy Bd. 17 und 18), der übrigens seine Summa nicht vollendete: er zieht die Moral und die Gnadenlehre in die Psychologie bei der Betrachtung der Erschaffung des Menschen. Die Trinitätslehre wissen Beide noch nicht recht einzugliedern. Es haben diese Bestrebungen auf speculativem Gebiete eine gewisse Aehnlichkeit mit dem allmäligen Uebergang des romanischen Baustyles in die Gothik. Und dieses noch in einem andern Punkte. Wie nämlich wohl kaum geleugnet werden kann, daß der Spitzbogenstyl immerhin unter dem Einfluß, wenn auch nicht in blinder Nachahmung der arabischen Baukunst sich entwickelte, so auch die christliche Wissenschaft dieser Zeit unter dem Einfluß der arabischen. Diese hatte sich nämlich vorzüglich der aristotelischen Philosophie zugewendet, damit aber den Neuplatonismus combinirt, woraus sich eine pantheistische, persönliche Unsterblichkeit und göttliche Providenz leugnende Weltauffassung entwickelte, die besonders im Averroismus selbst dem Christenthum gefährlich zu werden drohte; deßhalb war jetzt die christliche Wissenschaft darauf angewiesen, sich selbst des Aristoteles zu bemächtigen, um die Gegner mit den eigenen Waffen zu schlagen und so kam man denn auf ein einläßliches Studinm des Aristoteles, den man gewissermaßen als den Inbegriff der natürlichen Weisheit betrachtete. Das hatte aber auch sogleich seinen Einfluß auf die Gestaltung der Summen und zwar formell und materiell: formell durch schulgerechte Durchführung der aristotelischen Methode, einen Gegenstand immer abzuhandeln durch Vorführung der difficultates, principielle Entwicklung und nachherige Lösung der Schwierigkeiten; materiell durch Aufnahme der Principien der aristotelischen Philosophie. Was nämlich an natürlicher Weisheit sich als stichhaltig und mit dem Christenthum vereinbar in Aristoteles fand: der Gottesbeweis, metaphysische ontologische Axiome, die Erklärung des Wesens der Natur und des Menschen, die Eintheilung der Ethik 2c., das wurde in die Systeme herübergenommen und so erhielten dieselben den Charakter von aristotelizantes. Dabei aber vernachläßigte man doch nicht auch die anderen besseren Philosophen des Alterthums. Die platonischen Gedanken nahm man allerdings mehr indirect auf aus dem Neuplatonismus und Dyonisius Areopagita. Ersteren schöpfte man besonders aus einem vielfach dem Aristoteles zugeschriebenen Buche, dem liber de causis, das ein Auszug aus dem Werke des Proclus: στοιχείωσις θεολογική, und das vielfach commentirt wird, wie das Werk des Dionys: de divin. nominib. Daneben übte großen Einfluß ans Boëthius mit seinen Schriften. Vor allem aber baute man auf den Vätern auf. Wie Aristoteles als der Inbegriff der natürlichen Weisheit, so erschien die hl. Schrift und die Kirchenväter, besonders die vier großen: Augustinus, Hieronymus, Ambrosius und Gregor als der Inbegriff der übernatürlichen Weisheit, so daß es durchaus falsch ist, wenn man die Scholastik nur als eine Repristination des Aristotelismus darstellen möchte. Vielmehr weil man mit einem wahren Bienenfleiß aus all diesen Quellen sammelte und mit einer verwunderlichen Erudition darüber verfügte, so wurden die aus diesem Material zu einem einheitlichen wissenschaftlichen „Gebäude" aufgeführten Summen zu einem wirklichen „Inbegriff" natürlicher und übernatürlicher Weisheit, zu dem einheitlichsten bisherigen Systeme christlicher Weltanschauung, zu wahren gothischen Domen auf wissenschaftlichem Gebiete.

*   *   *

Immerhin aber war diese vollkommene Abrundung des Systems bis jetzt noch nicht vollständig erreicht, diese und jene Materien wußte man noch nicht recht unterzubringen, einige waren nur gelegentlich angefügt, gleichsam wie ein in den Grundplan nicht einheitlich hineingezogener Anhängsel an einem Gebäude und auch die einzelnen Theile und Fragen durchwaltete noch nicht ein geschlossener logischer Gedankenzusammenhang. Dieses zu leisten war erst einem Geiste beschieden, der nicht nur über das ganze Material verfügte, sondern der auch mit gewaltiger speculativer Energie dasselbe beseelen und organisch zu gestalten vermochte. Und dieser Riesengeist war der hl. Thomas von Aquin. Mit seinem universalen Blick und seinem einheitlichen logischen Denken bemerkte er die Schwächen der bisherigen Systeme, als Lehrer mußte er sich auch sagen, daß jene Behandlungsweise des Lombarden an dessen Erklärung die mannigfaltigsten Fragen ohne genügenden Zusammenhang unter sich angeknüpft wurden, den Schülern den Ueberblick erschweren, die gelehrten, damals in Aufnahme kommenden quaestiones disputatae aber sie zu weit führen mußten, und so faßte er denn den großen Gedanken, auch eine Summa zu schreiben, die zugleich als Lehrbuch für die Studirenden dienen könnte, ad eruditionem incipientium, wie er in der Einleitung sagt, wo darum jene gerügten Mängel eines Lehrbuches „die Häufung unnöthiger Fragen", der Mangel an Ordnung vermieden und kurz und klar das ganze System dargelegt würde. — Die Zeit, wann Thomas an die Ausarbeitung seiner Summa ging, deren Authenticität außer allem Zweifel steht, ist nicht mit Sicherheit zu bestimmen. Sie bildet den Schluß seiner Werke, deren Krone und Frucht, das er aber selbst nicht mehr ganz vollendete (bis III. qu. 90. de poenitentia) und das deßhalb im Laufe der 60iger Jahre des 13. Jahrhunderts entstanden sein muß, somit ungefähr gleichzeitig wie der Kölnerdom gebaut wurde, dessen Plan vielleicht Thomas als Schüler des Albertus zu Köln schon gesehen und mit dem es sowohl die einheitliche Architektonik gemein hat, wie auch, daß es wie jener nicht bis zur Kreuzblume vollendet wurde, so daß sich hier in merkwürdiger Weise die Blüthe der Gothik und die Blüthe der wissenschaftlichen Systematik zeitlich und örtlich begegnen. Zu diesem abschließenden Werke des hl. Lehrers verhalten sich eigentlich all' seine andern als Vorarbeiten, so die Commentare zu Aristoteles für die philosophische, die Commentare zur Bibel für die theologische Grundlage; die Commentare zum Lombarden und seine quaestiones disputatae haben die ganz gleiche formelle Behandlungsweise der einzelnen Fragen; als nächste Vorarbeit für die Systematik aber muß die Summa philos. und besonders das compendium theol. erscheinen, das sich zu seinem „Katechismus" verhält, wie die logisch speculative Behandlung zur positiven Lehre und welch' letzterm beiden als Eintheilungsprincip das Schema der drei göttlichen Tugenden Glaube, Hoffnung und Liebe (mit denen er das Glaubensbekenntniß, das Paternnser und den Dekalog combinirt)[1], zu Grund gelegt ist. Für die Summa nun wählt er ein neues Eintheilungsprincip, das mit dem vorherigen einige Verwandtschaft hat, insofern der erste Theil vorzüglich als rein theoretisch dem Glauben, der zweite als Moral der Liebe, der dritte als Christologie und Eschatologie der Hoffnung entspricht, das aber doch sich ganz selbständig und frei gestaltet und auf die Formel zurückgeführt werden könnte: „Von Gott zu Gott, durch Christus"; d. h. in großartigem Gedankenfluge schildert der Lehrer, nachdem er das Wesen Gottes als Centrum aller Dinge betrachtet, wie nach der Analogie der trinitarischen Ausgänge die Dinge von Gott ausgehen und in einer Art Kreisbewegung durch eigene freie Bethätigung wieder zu ihm zurückkehren sollen, was aber nur durch den Mittler Christus möglich; damit ist nun ein Gedanke zur Grundlage des Systems gemacht, den Frühere auch schon ausgesprochen, ohne ihn jedoch zum Eintheilungsprincip eines ganzen Systems zu machen, unter dem aber eine einheitliche großartige Weltanschauung ermöglicht ist, und der auch wieder eine gewisse Aehnlichkeit mit dem

---

[1] Vgl. Katechismus des hl. Thomas, übersetzt von Portmann und Kunz. Luzern, Gebr. Räber, S. 1, 86 und 138.

— 8 —

Grundriß des gothischen Baues hat, insofern nämlich der Chor das Allerheiligste, das Schiff die Hinbewegung des gläubigen Volkes zu demselben, das Transsept als Kreuzbalken das Mittleramt Christi symbolisirt.

Es soll nun im Folgenden ein Ueberblick über dieses ganze System gegeben werden, und zwar auch mit der doppelten Absicht, die Thomas bei dessen Ausarbeitung hatte: einerseits der praktischen, damit den incipientes möglichst „kurz und klar" den Hauptinhalt der Summa zu seizziren und sie so in deren Verständniß einzuführen¹); andererseits der theoretisch-speculativen: die Systematik, den einheitlichen Grundgedanken und den logischen Zusammenhang des Ganzen möglichst hervorzuheben, um so die großartige Einheit der thomistischen Weltauffassung darzustellen²).

System der Summe.

Die ganze Summe zerfällt, wie schon angedeutet, in drei Theile, wovon der erste, die sog. prima, von Gott und dem Ausgang der Dinge aus Gott in 119 quæstiones; der zweite in zwei Abtheilungen der sog. prima und secunda (sc. pars) secundae, die generelle Moral in 114 quæstiones und die specielle Moral in 189 quæstiones unter dem Gesichtspunkt der Rückbewegung der vernünftigen Creatur zu Gott; und der dritte Theil die sog. tertia, die Mittlerschaft Christi und die Sacramente als Mittel zur Erreichung dieses Zieles in 90 quæstiones abhandeln, dem dann die Fortsetzung der Sacramentenlehre und die Eschatologie als Suplementum aus des hl. Lehrers Commentaren zum Lombarden in 102 quæstiones beigefügt sind, so daß das Ganze aus 514 quæstiones mit den betreffenden Artikeln besteht, die jeder ein kleines Ganzes für sich bilden und doch wieder logisch aufeinander bezogen, wie die Steinchen eines Mosaikbildes oder die Steine eines Baues, das eine große Kunstwerk oder das gewaltige wissenschaftliche Gebäude ausmachen. Jeder Artikel selbst wiederum zerfällt in drei Theile: die difficultates: eines oder mehrere Bedenken gegen die gestellte Frage; dann der sog. Autoritätsbeweis, eine Stelle aus der hl. Schrift oder einem Kirchenvater (hie und da auch) aus philos. Autoritäten, z. B. Aristoteles) für die Thesis; dann folgt der sog. corpus articuli, der nun im Unterschied zum Autoritätsbeweis die Frage rein speculativ erörtert und zunächst ohne Rücksicht auf die Einwände principiell löst (weshalb auch diese principiellen Entwicklungen, die in innerem Zusammenhang gewöhnlich von Einem Grundgedanken aus deduktiv einen ganzen Tractat abhandeln, für sich unabhängig von den difficultates gelesen werden

---

¹) Deshalb soll jeweilig der Hauptinhalt des einzelnen Artikels oder einer quæstio gegeben werden, um dadurch zur Lectüre des Originals selbst anzuleiten und dieselbe zu erleichtern; ebenfalls sind zu dem Zweck die termini technici in die Arbeit aufgenommen, um sie durch Uebersetzung oder kurze Umschreibung zu erklären.

²) Darum sind die einzelnen Artikel in zusammenhängender Construction logisch aneinander gefügt. Gewöhnlich ist dann ein Tractat von einem einzigen Grundgedanken oder Princip abgeleitet, oder durchzieht ihn dasselbe wie ein rother Faden, worin gerade der speculative Werth des Ganzen beruht. Ein solches Princip mußte deßhalb hervorgehoben werden und ist auch im Drucke markirt. Manche Quaestionen wollen und können dann auch nur im Zusammenhang mit der Geschichte richtig begriffen werden, weßhalb jeweilig in Klammer kurz angegeben ist gegen (c.) was für einen Irrthum die These geht. Daß dabei wegen Raummangel in der ganzen Arbeit Manches möglichst, doch ohne Verletzung des Systems, gekürzt werden mußte, sei hier einleitend bemerkt.

können, was beim ersten Studium sogar zu empfehlen), und endlich kommt die Lösung der einzelnen Einwände. In dieser, auf den ersten Blick ermüdenden Einförmigkeit wird das ganze Werk abgehandelt; die Methode aber findet sich zuerst klar ausgebildet bei Albertus Magnus. Die in vielen Ausgaben zwischen Autoritätsbeweis und corpus articuli beigedruckten sog. conclusiones, b. i. kurze Zusammenfassungen des Grundgedankens, stammen nicht von Thomas, sondern von spätern Commentatoren, wie Nicolai, Sylvius 2c. Dieses die äußere Eintheilung und Anordnung des Werkes. Und nun die innere Gliederung.

Dem eigentlichen System wird in qu. 1. eine Einleitung vorangeschickt, welche diejenigen principiellen Vorfragen bespricht, welche noch heutzutage in der sog. Encyclopädie zur Theologie erörtert werden: ob die Theologie als eigene Wissenschaft von der Philosophie auszuscheiden sei, a. 1., ob sie eine wirkliche Wissenschaft, a. 2., eine einheitliche, a. 3., und ob mehr eine praktische oder theoretisch-speculative, a. 4. Das erste wird bejaht, weil dem Menschen neben der Erkenntniß der natürlichen Wahrheiten eine Offenbarung nothwendig, die dann Gegenstand einer eigenen Wissenschaft werden müsse und die, weil in ihr die gleichen Denkoperationen vorgenommen werden wie in den andern Wissenschaften, so gut eine Wissenschaft sei wie diese; in der Beantwortung der letztern Frage unterscheidet sich Thomas von seinem Lehrer Albertus, der die Theologie als eine praktische Wissenschaft auffaßte, geeignet, zur Liebe Gottes zu führen, während sein großer Schüler sie durchaus als speculative Wissenschaft, als Betrachtung der Wahrheit um ihrer selbst willen ansieht und sie ihrer Würdigkeit nach als höchste Weisheit, sapientia, über alle andern Wissenschaften stellt, a. 5. und 6. — Hierauf wird über das Object oder wie er sagt Subject dieser Wissenschaft abgehandelt und als solches ein einheitliches hingestellt, nämlich Gott und alles Andere nur in Rücksicht auf Gott, sub ratione Dei, a. 7. Damit ist bereits der einheitliche Gesichtspunkt für das ganze System gewonnen, der Centralpunkt, um den sich alle die heterogensten Objecte gruppiren. Und nun kann es sich nur noch, bevor an den Ausbau desselben geschritten wird, um die Methode und Quellen der Wissenschaft handeln. Die Methode besteht nach ihm darin, daß zunächst die Wahrheit autoritativ entgegengenommen, dann aber auch soviel als möglich denkend durchbrungen werde, weshalb er die Theologie als doctrina argumentativa bezeichnet, a. 8. Die Hauptquelle aber, aus welcher die theologische Wahrheit geschöpft werden muß, ist die hl. Schrift, zu deren richtiger Auslegung man aber bedenken muß, daß sie, der sinnlich-geistigen Natur des Menschen sich anpassend, sich der Metaphern bedient, a. 9., und unter dem Litteralsinn vielfach noch einen tiefern, mystischen, enthält, a. 10. Nachdem so diese Vorfragen über Selbständigkeit, Object, Methode und Quellen der theologischen Wissenschaft abgehandelt, wird nun an die systematische Darstellung derselben geschritten.

Da der hl. Lehrer die ganze Fülle christlicher Wahrheit in einem einheitlichen System darstellen will, so liegt es ihm immer viel daran, die systematische Anordnung deutlich hervorzuheben. Er thut dieses jeweilig in den Einleitungen zu den einzelnen Theilen und Unterabtheilungen und zwar in der Weise seines großen philosophischen Gewährsmannes, des Aristoteles, immer vom Allgemeinen zum Einzelnen herabsteigend. Es sind deswegen diese Einleitungen bei der Darstellung des Systems geradezu wesentlich, weshalb fortan auf sie verwiesen wird. Und so wird denn zu Anfang des ganzen Systems dasselbe zunächst in großen Zügen abgetheilt in jener Dreigliedrigkeit, die oben angedeutet worden ist: „Von Gott, zu Gott, durch Christus." (Vgl. Eltg. zu qu. 2.)

Erster Theil.

„Von Gott."

Der erste Theil handelt also von Gott (das Wort „von" im Sinne von de und ex genommen): von Gott an sich und als Princip der Dinge oder von dem creatürlichen Ausgang der Dinge aus Gott. Das Vorbild dieses Ausganges aber ist ein Ausgang in der Gottheit selbst, jener trinitarische Proceß von Sohn und Geist. Und so zerfällt dem hl. Lehrer der erste Haupttheil selbst wieder in drei Unterabtheilungen: von Gott dem Einen, nach seiner Wesenheit betrachtet; von der Dreipersönlichkeit Gottes und endlich von dem creatürlichen Ausgang oder Ursprung der Dinge aus Gott.

I. Von Gott dem Einen, qu. 2.—27.

In der Gotteslehre ist zunächst die Existenz Gottes festzustellen, dann sein Wesen zu bestimmen und hierauf die Lebensthätigkeit dieses Wesens zu betrachten. Daher logisch diese Dreitheilung. Doch erscheint dem Wesen und Umfang nach die Abhandlung über die Existenz Gottes mehr nur als Einleitung zum ganzen Tractat.

Einleitung: die Existenz Gottes. Es fragt sich aber da, ob es schon an und für sich entweder durch angeborne Idee oder im Begriff Gottes gewiß sei, daß Gott existirt; letzteres meinte bekanntlich Anselm von Canterbury; Thomas stellt sich gegen diese Ansicht, qu. 2. a. 1. und lehrt deshalb, daß Gottes Existenz bewiesen werden müsse, aber auch bewiesen werden könne und zwar durch seine Wirkungen in der Welt, a. 2. Und sodann macht er sich daran, ihn zu beweisen und zwar auf einem fünffachen Wege: aus der nicht anfangslosen Bewegung in der Welt, die einen ersten Beweger, der selbst nicht mehr bewegt ist, voraussetzt (Bewegungs=beweis); aus der Kette der Wirkungen, die eine erste Ursache fordern; aus der Contingenz oder Nichtnothwendigkeit der Weltdinge, die ein Nothwendiges, Absolutes postuliren; aus den Graden der Vollkommenheit, die auf ein höchst Vollkommenes hinweisen (kosmologische Argumente) und aus der zweckmäßigen Einrichtung der Natur, die für sich selbst dies nicht so mit Bewußtsein anordnete, also einen vernünftigen Zweckordner brauchte (teleolog. Beweis). Das Resultat dieser Gottesbeweise ist, daß ein höchstes Wesen existirt, das primum movens und efficiens, ein ens a se, perfectissimum und darum actus purus, i. e. reines Sein, absolute Vollkommenheit ist. Aus diesem Grundgedanken wird nun der ganze folgende Tractat abgeleitet und näher das Wesen Gottes bestimmt.

A. Das Wesen Gottes, qu. 3.—14.

Wenn man nämlich von etwas erkannt hat, daß es ist, fragt sich nun, was es ist. Wegen den angedeuteten Eigenschaften kann aber Gottes Wesen mehr nur negativ bestimmt werden; man kann mehr sagen, was er nicht ist, als was er ist. Dann aber entzieht er sich auch hienieden unserer vollständigen Erkenntniß, und kann darum auch nicht adäquat durch unsere Sprache bezeichnet werden, er ist ineffabilis. Deshalb fragt sich nach seiner negativen Wesenbestimmung, wie er denn von uns erkannt und benannt werden könne. Daher die Drei=theilung. (Vgl. Eltg. zu qu. 3.)

1. **Negative Wesensbestimmung Gottes**, qu. 3.—12. — Es kann nun das Wesen Gottes negativ näher bestimmt werden, wenn man von ihm alles wegdenkt, was ihm als „reinem Sein" nicht zukommen kann, wie: Zusammensetzung, Raum und Zeit, woraus die

absolute Einfachheit, Unendlichkeit, Ewigkeit und Einheit resp. Einzigkeit Gottes folgt. (Vgl. Ellg. zu qu. 3.)

a. Die Einfachheit Gottes, qu. 3.—7. — Zuerst muß an Gott negirt werden alle Zusammensetzung. Diese kann aber sein entweder eine physische, wie die körperliche und die von Materie und Form, oder eine metaphysische, wie die von Eigenschaften, Wesen und Accidens 2c.

α. Die Einfachheit Gottes, qu. 3.: Nun kann in Gott sich keine physische Zusammensetzung finden: Weil er primum movens immobile und actus purus, jede Zusammensetzung aber eine Beschränkung des einen Theils durch den andern involvirt, so kann er kein körperliches Wesen, a. 1., aus dem gleichen Grunde auch nicht aus Materie und Form oder Lebensprincip zusammengesetzt sein, a. 2. — Ebenso kann ihm keine metaphysische Zusammensetzung zukommen: nicht der (reale) Unterschied von Wesenheit und Individualität oder Persönlichkeit, a. 3. (c. Gilbert Porretan), oder Wesenheit und Existenz, a. 4., noch auch von Gattung und differentia specifica, a. 5., oder von Wesen und Accidens, a. 6., alles aus dem Einen Grunde, weil er actus purus ist. Darum ist er schlechthin einfach, a. 7., und kann darum mit Nichts in eine physische oder metaphysische Zusammensetzung, etwa als Weltseele oder allgemeine Wesenheit der Dinge eingehen, a. 8., womit aller Pantheismus dahinfällt (c. David von Dinando). Aus dieser Einfachheit der Substanz, und durch keine Zusammensetzung beschränkten Seinsfülle folgt aber sogleich die Vollkommenheit und Güte Gottes.

β. Die Vollkommenheit Gottes, qu. 4. — Die Begriffe Vollkommenheit und Sein decken sich nämlich. Da nun Gott actus purus oder die Seinsfülle selbst ist, so ist er auch die Vollkommenheit selbst, a. 1.; darum und weil er causa efficiens aller Dinge ist, besaßt er auch die Vollkommenheiten aller derselben in höherer Weise und absolut einfach in sich, a. 2. und umgekehrt sind alle Dinge nur unvollkommene analoge Nachbilder der göttlichen Vollkommenheit, a. 3.

γ. Gott das höchste Gut, qu. 5. und 6. — Darum aber auch ist Gott die Einheit oder das höchste Gut. Unter Güte oder Gutheit versteht man nämlich (qu. 5., Begriffsbestimmung von bonitas) wiederum nur das Sein, insofern es dem Willen als erstrebenswerth erscheint, bonum est ens inquantum est appetibile, a. 1. Darum ist es real eins mit und nur begrifflich später als das Sein, a. 2., und jedes Sein ist als solches gut, da das Böse nur ein Mangel am Sein ist, a. 3. Doch kommt zum Begriff Gut immer noch über das Sein hinaus die Relation, Ziel oder erstrebenswerth zu sein, also die ratio causae finalis hinzu, a. 4. Näher bestimmt aber kommt dem (creatürlich) Guten modus, Maß, species, Gliederung, und ordo, Zweckbeziehung (im Körperlichen: Maß, Zahl und Gewicht), zu, a. 5., und wird dasselbe gewöhnlich eingetheilt in ein bonum honestum, utile et delectabile, a. 6. — Da nun Gott die höchste Vollkommenheit, so ist er offenbar gut, qu. 6. a. 1.; und weil alle endliche Vollkommenheit von ihm stammt, so ist er nicht nur gut, sondern das höchste Gut, a. 2., ja weil absolutes Sein, die Güte selbst, a. 3., durch Theilnahme an welchem alles Andere nur gut ist, a. 4. — So folgt durch die Negation der Zusammensetzung am reinen göttlichen Sein dessen Einfachheit, Vollkommenheit und Gutheit; nun aber ist an ihm ferner zu negiren die Schranke des Raumes und überhaupt jede Beschränkung und daraus folgt:

b. Die Unendlichkeit Gottes, qu. 7.—9. — Die Beschränkung wurzelt nämlich vorzugsweise in der Zusammensetzung von Materie und Form (Bildsames und Bildendes, Formprincip). Weil nun Gott reines Sein und insofern gleichsam nur Form ist, so muß er „unbeschränkt" sein, qu. 7. a. 1.; umgekehrt können darum keine Creaturen unendlich sein, weil sie alle ein „überkommenes beschränktes Sein" haben, a. 2.; überhaupt kann nichts

Creatürliches actu, i. e. in Wirklichkeit, sondern nur potentiell, i. e. durch die Möglichkeit steten Hinzufügens, unendlich sein in der Größe, a. 3., und in der Zahl, a. 4. — Weil nun aber Gott unendlich, so kommt ihm auch die Allgegenwart zu, qu. 8. (Widerlegung des Deismus), und zwar ist er in allen Dingen innerlichst gegenwärtig, weil er ihre unmittelbare Ursache ist, die darum mit dem Effect in Contact sein muß, a. 1. - Insofern ist er darum auch an allen Orten, a. 2., und zwar nicht etwa nur durch seine Machtwirkung, sondern per potentiam praesentiam und essentiam, a. 3., eine Eigenschaft, die wiederum nur ihm zukommen kann, a 4. -- Endlich muß an Gott auch negirt werden die Schranke der Zeit und daraus folgt:

c. Die Unveränderlichkeit und Ewigkeit Gottes, qu. 9.--11. Gott ist nämlich actus purus und primum movens: alle Veränderung aber hat in sich etwas Potentielles, Unfertiges, das erst wird und ist so aus Act und Potenz zusammengesetzt. Und weil das in Gott nicht stattbaben kann, so ist er „unveränderlich", qu. 9. a. 1., und zwar wiederum nur er, weil alles Creatürliche etwas Potentielles, Zusammengesetztes, an sich hat, a. 2. — Darum kommt Gott die Ewigkeit zu, qu. 10. Es besteht dieselbe nach Boëthius in dem „vollkommenen Allzugleichbesitz eines endlosen Lebens", a. 1. Weil nun Gott unveränderlich, der sein ganzes Sein als actus purus voll und allzugleich besitzt, so ist er ewig, a. 2., und auch nur er kann ewig sein, auch wenn Anderes ewig dauert, a. 3.; denn die Ewigkeit ist nicht nur eine endlose Zeit, diese kann endlos sein, aber nicht „allzugleich", a. 4.; selbst die aeviternitas, die selige Ewigkeit der Verklärten ist nicht identisch mit der Ewigkeit Gottes, sondern etwas Mittleres zwischen dieser und der Zeit, a. 5., die bei Verschiedenen verschieden ist, je nach dem Grad ihrer Verklärung, a. 6. Und so denn erscheint Gott als das vollständig abgeschlossene, in sich fertige, unendliche Sein; darum aber auch kommt ihm die vollständige Einheit und Einzigkeit zu.

d. Die Einheit und Einzigkeit Gottes, qu. 11. - Das Eins ist nämlich eine ontologische Bestimmung des Seins, die zunächst besagt, daß das Ding in sich eins, ungetheilt, indivisum in se, ist, a. 1.; aber auch, daß es verschieden ist von den andern, divisum ab aliis, und insofern steht der Begriff Eins im Gegensatz zur Vieltheit, a. 2. Nach beiden Rücksichten ist Gott Eins, nach der ersten wegen seiner Einfachheit, nach der zweiten wegen seiner absoluten Vollkommenheit und der Einheit der Welt, die schließen lassen, daß es nur Einen Gott geben kann, a. 3., und auch hier ist Gott mehr Eins als alles Andere: das geeinteste und einzigste Wesen, a. 4., woraus dann seine Persönlichkeit folgt, mit der Persönlichkeit aber die Unzulässigkeit eines jeglichen Pantheismus. — Nach alledem steht nun aber Gott da als ein so absolut über alles Creatürliche erhabenes Wesen, daß sich von selbst die Frage einstellt, ob er je in seinem wahren unendlichen Wesen erkannt, ja, da wir doch bisher nur negativ ihn bestimmt, ob wir schon hienieden von ihm eine einigermaßen entsprechende Kenntniß haben können, was bekanntlich die Gnostiker und die meisten Pseudomystiker leugneten. Darum schließt sich an das Vorhergehende die Untersuchung über:

2. Die Erkennbarkeit Gottes, qu. 12. — Nun ist zu sagen, daß je höher etwas über dem Intellect des Erkennenden steht, es um so weniger von diesem in seinem Wesen erkannt werden kann. Da nun Gott also absolut über unserer Erkenntniß steht, so scheint es, daß wir sein Wesen nie erkennen können, wie es ist, es nicht schauen, sondern nur analog ahnen. Nun aber lehrt andererseits die Offenbarung, daß Gott den Menschen doch aus besonderer Gnade zur Anschauung seines Wesens bestimmt und daß darin seine einstige Seligkeit besteht, a. 1.; dann aber ist klar, daß das nicht durch irgend ein Erkenntnißbild, ein Abbild des erkannten Gegenstandes, wie das bei der irdischen Erkenntniß der Fall ist, geschehen kann, da kein Abbild Gottes Wesen genügend repräsentirt, a. 2., noch viel weniger, daß er mit den körperlichen Augen geschaut werden kann, a. 3., ja daß überhaupt die Anschauung seines Wesens, d. i. eine

aequale, nicht nur analoge Erkenntniß desselben, das natürliche Vermögen einer jeden Creatur, auch der reinen Geister, übersteigt, da der erkannte Gegenstand das Vermögen des Erkennenden unendlich überragt, a. 4. Deßhalb muß, wenn doch eine Anschauung Gottes eintreten soll, Gottes Wesen in der Creatur gleichsam selbst zur Erkenntnißform, zum Erkenntnißbild werden, wozu dann aber der Geist durch ein übernatürliches Licht, das Licht der Verklärung oder lumen gloriæ, disponirt werden muß, a. 5., welches in dem Einen größer in dem Andern geringer sein kann (je nach seinen Verdiensten), weshalb die Einen vollkommener und die Andern unvollkommener Gott schauen werden, a. 6. Doch auch so wird nie ein vollständiges Begreifen Gottes eintreten, da dieses verklärende Licht doch immerhin noch etwas Erschaffenes und so Endliches in der endlichen Creatur ist, das Endliche aber das Unendliche nicht erschöpfend, wenn auch specifisch oder äqual, erkennen wird, a. 7. In und mit diesem geschauten Wesen Gottes schaut der Selige dann auch die Wirkungen Gottes, d. i. den ganzen Complex des Universums, und dies um so vollkommener, je vollkommener er Gott selbst schaut, a. 8., und zwar durch das Wesen Gottes selbst, nicht etwa durch Abbilder der Dinge, a. 9., und darum auch in Einem Blick simul, d. i. intuitiv und nicht discursiv oder successiv, a. 10. — Fragt man aber nach der Gotteserkenntniß hienieden, so ist klar, daß, weil die cognitio secundum modum cognoscentis und wir in diesem Leben sinnlich-geistig erkennen, darum auch im irdischen Leben Gottes Wesen nicht geschaut werden kann, a. 11. (contr. Beggin). Dagegen ist immerhin eine genügende analoge Gotteserkenntniß möglich (contr. Gnost.), da man von dem sinnlich Wahrnehmbaren, als seiner Wirkung, auf seine Existenz und daraus auf sein Wesen schließen kann, a. 12. Und weil dann durch die Gnade die Erkenntnißkraft erleuchtet, durch die Offenbarung erhabenere Vorstellungen, phantasmata, von Gott erzeugt werden, so ist die Gotteserkenntniß durch die Gnade, resp. die christliche, noch vollkommener als die bloß natürliche, a. 13. — Von der Art und Weise der Gotteserkenntniß hängt nun auch dessen Benennung, die Sprache über ihn ab; darum fügt sich an das Vorhergehende logisch an die Frage über:

3. **Die Namen Gottes, qu. 13.** — Die Untersuchung über diesen Gegenstand basirt, wie schon angedeutet wurde, im Mittelalter wesentlich auf dem Werke des Dionysius Areopagita: de divinis nominibus; so auch bei Thomas, der dasselbe commentirte. Die Frage ist hier immer die: Wenn wir Gott hienieden nur unvollkommen und analog erkennen, wie können wir ihn denn benennen? Und da stellt denn der hl. Lehrer das Princip auf: „Die Benennung richtet sich nach der Erkenntnißweise", aus dem alles Weitere abgeleitet wird. Da wir nämlich Gott nur aus den Creaturen erkennen, so folgt daraus vorab, daß wir ihn auch nur mit Namen, die wir von den Creaturen hernehmen, benennen können, die darum nicht ganz zutreffend sind; daß er aber doch nicht (wie die Gnostiker und Pseudomystiker meinten) absolut unaussprechlich ist, a. 1. — Unter diesen Namen ist dann selbst wieder zu unterscheiden zwischen negativen, positiven und relativen, wie gut 2c.; erstere bezeichnen nicht unmittelbar sein Wesen, sondern vielmehr eine Negation an ihm; letztere bezeichnen aber etwas an seinem Wesen und können darum auch substantialiter von ihm ausgesagt werden, a. 2., ja sie kommen Gott eigentlicher zu als den Creaturen; dagegen ist der Sinn, den wir damit verbinden, doch wieder nur ein uneigentlicher, Gott nur unvollkommen bezeichnender, a. 3. Dann sind auch diese Namen, die wir so auf Gott übertragen, nicht nur Synonime (contr. Nominalist.), sondern ein jeder hebt, da sie von Theilvollkommenheiten der Geschöpfe hergenommen sind, eine besondere Seite an Gottes Wesen hervor, a. 4. Dagegen werden sie alle, weil unsere Gotteserkenntniß nur eine analoge ist, nicht univoce, d. i. ganz im gleichen Sinn, aber auch nicht nur æquivoce, d. i. in einem trotz der Gleichheit des Wortes ganz verschiedenen Sinn, sondern eben

analogice in einem ähnlichen, aber höhern Sinn von Gott ausgesagt, a. 5. Insofern würden auch die Namen in ihrem höchsten und eigentlichsten Sinn zuerst Gott zukommen, wie bonus, leo etc., da die betreffende Vollkommenheit mehr in ihm sich findet und von ihm auf die Geschöpfe überstießt, obwohl in unserer Erkenntniß wir sie allerdings zunächst der Creatur beilegen, a. 6. Was dann die Namen betrifft, die eine Relation zur Welt bezeichnen, wie Schöpfer ꝛc., so können sie nur zeitlich von ihm ausgesagt werden und bedeuten eigentlich nicht sein Wesen, a. 7. — Letzteres bezeichnet besonders der Name Deus, Gott, der seine Erhabenheit über Alles und seine Providenz hervorhebt, a. 8., und darum für Creaturen nicht im eigentlichen, sondern höchstens in einem analogen Sinne, insofern sie, wie z. B. Könige an jener Erhabenheit und Providenz theilnehmen, gebraucht werden kann, a. 9. und 10. Der vollkommenste Name übrigens für Gott ist „das Sein, esse"; er begreift alle Vollkommenheit in sich und läßt Gott schlechthin gleichsam als ein pelagus substantiae infinitum, als einen Ocean des Seins, erscheinen, a. 11. Und so denn hebt jeder Name Gottes irgend eine Seite des göttlichen Wesens besonders hervor und sagt etwas Positives von ihm aus; alle aber münden aus in die Eine Bezeichnung: Gott ist das „reine Sein" oder actus purus, a. 12. — Damit ist nun Gottes Wesen bestimmt. Einem jeden Wesen aber eignet auch eine Thätigkeit oder Leben, und so denn auch diesem göttlichen Wesen; und weil es ein rein geistiges ist, eine geistige Thätigkeit, die sein Leben ausmacht. Und so ist denn nach dem Wesen das Leben Gottes zu betrachten.

B. Das Leben Gottes, qu. 14.—27.

Die Thätigkeit eines Wesens kann theils eine innere Lebensthätigkeit sein, theils eine solche, die auf eine äußere Wirkung geht. Erstere ist bei Gott die eines jeden Geistes: Erkennen und Wollen; letztere seine Allmacht.

1. **Die innere Lebensthätigkeit Gottes: Erkennen und Wollen,** qu. 14.—25. Die Grundthätigkeit des Geistes ist Erkennen und Wollen, woraus dann noch eine Thätigkeit aus der Combination beider resultirt: nämlich die Providenz.

a. **Das Erkennen Gottes,** qu. 14.—19. — Hier kann zunächst das Erkennen an sich betrachtet werden; dann, insofern Gottes Erkennen Vorbild für die Dinge ist: die Ideen, in der Uebereinstimmung oder Nichtübereinstimmung mit welchen die Wahrheit und Falschheit der Dinge besteht; und all dies Erkennen macht dann das Leben Gottes aus. (Vgl. Einltg. zu qu. 14.)

α. **Das Erkennen Gottes an sich,** qu. 14. — Daß nun Gott ein erkennendes Wesen sein müsse, ergibt sich aus seiner Immaterialität. Zum Erkennen gehört nämlich eine gewisse Allbildsamkeit, es muß der Erkennende gleichsam Alles, d. i. zur Aehnlichkeit alles Erkannten werden; dazu aber gehört, daß er von keiner Materie beschränkt, nur Form, also immateriell sei. Da nun Gott reinster Geist, so folgt daraus sein Erkennen, a. 1. — Nun fragt es sich aber: welches sind die Objecte der göttlichen Erkenntniß? Es ist zunächst seine eigene Wesenheit, dann Anderes auch das Zukünftige und endlich auch das bloß Mögliche. a) Zunächst also erkennt Gott sich selbst, seipsum: denn da in ihm nichts Potentielles, so sind in ihm Erkanntes und Erkennendes identisch und so erkennt er sich durch sich selbst, a. 2., und zwar absolut vollkommen, a. 3. und 4. — Gott erkennt aber auch b) Anderes, alia a se: denn was sich vollkommen erkennt, muß auch seine Kraft erkennen, dann aber auch deren Wirkungen, somit erkennt Gott das außer ihm, weil es seine Wirkung ist, und zwar nicht etwa durch ein von demselben in ihm bewirktes Erkenntnißbild, sondern durch sich selbst, insofern er das Urbild aller Dinge ist, a. 5.; auch nicht etwa nur confus und im Allgemeinen, sondern speciell und eigentlich, weil er alle Vollkommenheiten der Weltdinge in sich hat und sieht, wie ein jedes Einzelne daran nachbildlich theilnimmt, a. 6. Darum ist auch diese Erkenntniß eine intuitive, nicht discursive, a. 7. und 8. — Aber nicht nur die realen Substanzen erkennt Gott, sondern c) auch die futura und possibilia: was noch nicht ist, sondern erst in der Zukunft eintritt (scientia visionis), oder auch was gar nicht eintritt, aber eintreten könnte (scientia simplicis intelligentiae); ersteres, und zwar auch das frei Eintretende (cf. a. 13.), weil er mit seiner Ewigkeit die Zeit umspannt; letzteres, weil er Alles erkennt, was in seiner oder der Creaturen Macht steht, a. 9., und dabei auch, was gegen die Averroisten betont wird, das Böse, obwohl es nicht seine Wirkung ist, weil, wer das Licht, auch die Finsterniß, wer das bonum auch den defectus in bono sieht, a. 10. Dabei ist seine Erkenntniß unveränderlich wie sein Wesen, a. 15., und theils eine speculative, theils eine praktische, insofern sie auf etwas Auszuführendes, auf ein Werk geht, a. 16. Für letzteres nämlich muß man in Gott einen Plan oder Ideen annehmen; daher führt dieser Punkt auf den folgenden:

β. Die Ideenwelt Gottes (christl. Ideenlehre, qu. 15.). — Unter Idee versteht man die causa exemplaris, das Vorbild oder den Plan für Etwas. Für Alles nun, was nicht durch Zufall entsteht, muß ein Plan angenommen werden. Da nun die Welt nicht durch Zufall entstanden, sondern von einem denkenden Wesen, Gott, herstammt, so muß nothwendig in ihm für dieselbe ein Plan, also Ideen bestehen, a. 1., und zwar viele Ideen, nicht wie die Averroisten meinten, nur die für die allgemeine Gliederung des Universums, denn das Allgemeine oder Ganze kann nur gehörig geordnet sein, wenn das Einzelne darauf bezogen ist. Es widerspricht auch diese Annahme von vielen Ideen in Gott nicht seiner Einfachheit, denn es sind dieselben nicht etwa als viele Erkenntniß- oder Vorstellungsbilder zu fassen, sondern als sein Eines, einfaches Wesen, insofern es von ihm als so oder so nachbildbar, sic vel sic imitabilis, erkannt wird, so daß Ideen und Wesen Gottes real identisch, a. 2. Diese Ideen sind dann für Gott das principium cognoscitivum, womit er die Dinge erkennt, und es gibt in Gott sogar noch mehr Ideen als in den Dingen realisirt sind, weil er sich in aller möglichen Weise seiner Nachbildbarkeit oder imitabilitas erkennt; für die Dinge aber sind die Ideen die causa exemplaris, das Urbild, und zwar nicht nur, wie Plato meinte, für die genera und species, so daß sich die Idee mit dem Gattungs- oder Artbegriff deckte, sondern auch für die accidentia derselben, die wesentlichen oder inseparabilia sowohl, wie die nicht nothwendig hinzukommenden supervenientia, darum auch für alle Individuen, weil er eben für Alles sich als Urbild erkennt, a. 3. — Mit dieser Ideenlehre hat Thomas den Grundgedanken des platonischen Systems, aber corrigirt, in sein System aufgenommen damit aber auch eine höhere Weltauffassung gewonnen, und es erscheint ihm so Gott als der Grund aller Wahrheit der Dinge und diese nur wahr, insofern sie mit ihrer Idee übereinstimmen; darum und weil alles Erkennen auf die Wahrheit geht, reiht sich hieran die Untersuchung über:

γ. Wahrheit und Falschheit, qu. 16.—18. — Unter Wahrheit versteht man nämlich die adaequatio rei et intellectus, die Uebereinstimmung von Erkenntniß und Erkanntem. Darnach ist zu unterscheiden zwischen einer Wahrheit der Sache oder objectiver Wahrheit: die Uebereinstimmung des Dinges mit seinem Begriff; und Wahrheit der Erkenntniß oder subjectiver Wahrheit: die Uebereinstimmung des Begriffes mit der Sache. Nun kann man die Dinge auch auf Gottes Erkenntniß beziehen, und dann werden sie wahr genannt, insofern sie ihrer Idee in Gott entsprechen, qu. 16. a 1. Die subjective Wahrheit dagegen tritt erst ein mit dem Urtheil, wenn man einen Begriff richtig mit einer Sache verbindet oder trennt, in intellectu dividente vel componente, a. 2. Darnach aber ist das objectiv Wahre identisch mit dem Sein: verum est ens inquantum est cognoscibile (vgl. oben die Begriffsbestimmung von Gut), a. 3., und geht dem Begriffe Gut logisch voran, da etwas zuvor erkannt sein muß, bevor es geliebt werden kann, a. 4. Bis hierher die Begriffsbestimmung von Wahr. — So aber ist klar, daß Gott unter jeder Rücksicht die veritas ist: denn sein Sein stimmt mit seinem Erkennen überein, weil mit ihm identisch; und sein Erkennen ist das Maß alles andern Seins und Erkennens. Deshalb ist in ihm nicht nur Wahrheit, sondern er ist die Wahrheit selbst, a. 5. Es ist aber auch alles Creatürliche nur wahr, insofern es mit dieser ersten Wahrheit übereinstimmt, a. 6., und darin haben auch die Dinge selbst und die geschöpfliche Wahrheit eine gewisse Ewigkeit, da sie ewig in Gott präformirt und begründet sind, a. 7.; und eine gewisse Unveränderlichkeit, währenddem allerdings die subjective Wahrheit im Menschen vielfach etwas Zeitliches und Veränderliches ist, a. 8. — Umgekehrt besteht die falsitas, Falschheit oder Unwahrheit, in der Nichtübereinstimmung von Sache und Erkenntniß, und insofern ist das Böse etwas objectiv Unwahres, eine Lüge, qu. 17. a. 1., während bezüglich der subjectiven Falschheit zu sagen ist, daß eine solche in der Sinneswahrnehmung an und für sich noch nicht gelegen, a. 2., sondern erst wenn das Urtheil dazu kommt und die Wahrnehmung falsch beurtheilt, a. 2. Dann aber ist dieser Irrthum nicht (wie der Pantheismus meint) etwa nur eine Nüance oder ein nothwendiger Durchgangspunkt zur Wahrheit, sondern verhält sich dazu conträr, a. 4. — So gründet also im göttlichen Erkennen jegliche Wahrheit; Erkennen aber ist die hauptsächlichste geistige Thätigkeit, Thätigkeit Leben, und insofern stellt das göttliche Erkennen vorzüglich das Leben Gottes dar.

δ. Das Leben Gottes, qu. 18. — Unter Leben versteht man nämlich das Sichselbstbewegen, a. 1., weshalb Leben wesentlich Thätigkeit ist, a. 2. — Nach dieser Begriffsbestimmung kommt nun aber Gott vor allem Leben zu: denn jede Bewegung geht auf ein Ziel, und ist um so vollkommener, je mehr sie dieses Ziel selbst erkennt; deshalb ist schon Leben in der Pflanze, noch mehr im Thier, noch mehr im Menschen, der sein Ziel selbst erkennt und seine Thätigkeit bewußt darauf hinrichtet; am meisten aber in Gott, weil in ihm Leben und Erkennen real identisch sind, a. 3., ja es hat auch Alles außer Gott im tiefsten Grunde nur in Gott sein Leben, da Alles in seinem Erkennen, das wesentlich Leben ist, sich begründet findet, a. 4.

b. Der Wille Gottes, qu. 19. - 22. Die zweite Grundthätigkeit des Geistes ist der Wille, und so kommt nach der Erkenntniß der Wille Gottes zur Betrachtung: zunächst der Wille an sich, dann seine nothwendigen Eigenschaften, und endlich, was aus der Verbindung von Intellect und Wille resultirt: die göttliche Providenz. (Eltg. zu qu. 19.)

α. Der Wille Gottes an sich, qu. 19. — Daß Gott Willen haben muß, folgt aus dem Vorhergehenden. Ein jedes Wesen strebt nämlich nach seiner Form oder Vollkommenheit, deshalb strebt ein erkennendes Wesen nach seiner erkannten Form oder Vollkommenheit; indem sich nun Gott als das vollkommenste Gut erkennt, will er sich auch, resp. ruht in seinem Besitz, und das ist das erste Object seines Willens. So folgt der Wille aus der Erkenntniß, a. 1. Dem Willen aber ist es eigen, nicht nur sein eigenes Gut, sondern auch Andern Gutes zu wollen, deshalb will Gott auch noch Wesen außer sich, alia a se, denen er seine Güte mittheilt, a. 2.; jedoch ist Gott hierin frei, weil er auch ohne jene in sich vollkommen ist, „so daß er ohne sie sein kann" und nur sich selbst mit Nothwendigkeit will, a. 3. Zu diesem freien Willen und nicht etwa in einer innern Nöthigung (wie die Averroisten meinten), haben deshalb die Dinge allein ihren Grund, a. 4., während er für dieses sein Wollen außer sich keinen Grund hat, a. 5. Wegen dieser Absolutheit seines Willens wird darum derselbe in den Dingen immer irgendwie erfüllt, „entweder in der Ordnung der Güte oder dann der Gerechtigkeit", so daß sich ihm z. B. der Sünder nicht schlechthin entziehen kann, a. 6.; auch ist er in sich „unveränderlich". Die Veränderung liegt nur auf Seite des Effectes, während Gottes unveränderliche Wesenheit die immutabilitas des Willens postulirt, die Allwissenheit sie ermöglicht, a. 7. Deswegen wird aber den Dingen nicht eine Nöthigung auferlegt, denn es liegt zugleich im Begriff der Vollkommenheit des göttlichen Willens, nicht nur daß geschieht, was er will, sondern auch, daß es geschieht, wie er es will, also von freien Wesen frei, a. 8. Wenn er aber so die Freiheit der vernünftigen Wesen will, will er doch nicht das Böse, malum culpæ, das sie mit ihrem freien Willen thun, sondern läßt es nur zu, denn als gut kann er nur das Gute wollen. Dagegen kann er das malum pœnæ, das Strafübel, oder das malum naturæ, das Naturübel, eines höhern Gutes wegen wollen, a. 9. — Und so verhält sich Gottes Willen in Bezug auf sich nothwendig, in Bezug auf die Dinge frei, und hat er darin ein liberum arbitrium, a. 10., das sich dann auch in Willens= äußerungen, sogenannten signa voluntatis, zeigen kann, a. 11., deren fünf unterschieden werden: Verhinderung und Zulassung mit Rücksicht auf das Böse, und Befehl, Rath und Mitwirkung mit Rücksicht auf das Gute, während die passiones des Willens, wie Zorn u. s. w., nur meta= phorisch von Gott ausgesagt werden können, a. 12.

β. Die Consequenzen des Willens: Liebe, Gerechtigkeit und Barmherzig= keit, qu. 20.—22. — Da so Gott einen Willen hat, so hat er nothwendig auch Liebe. Die Liebe besteht nämlich wesentlich in dem Gutes wollen, amor est bonum velle, und ist als solche die erste und Grundthätigkeit des Willens. Darum muß Gott nothwendig die Liebe zukommen, qu. 20., a. 1. Und da Liebe wesentlich Gutes wollen ist, so liebt Gott Alles, was existirt, da jedes Sein als solches ein Gut ist, a. 2.; aber Gottes Liebe unterscheidet sich dabei wesent= lich von der unsrigen. Während nämlich unsere Liebe die Güte des geliebten Gegenstandes voraussetzt, so bewirkt und gibt er selbst das Gute, das er liebt, amor Dei est infundens et creans bonum in rebus, und je größer nun dieses mitgetheilte Gut ist, um so mehr kann man auch sagen, liebt er das Wesen, a. 3., weshalb er etwas um so mehr liebt, je besser es ist, a. 4. — Aus der Liebe Gottes folgt dann seine „Gerechtigkeit". Bei ihm kann nämlich nur von der justitia distributiva die Rede sein. Diese aber besteht darin, einem jeden Wesen das Nöthige zu geben; das aber thut seine Liebe, qu. 21., a. 1. Damit ist er auch die „Wahr= heit" für die Dinge, denn diese ist eben die mensura, das Maß, was Jedem zu ertheilen sei, a. 2. Insofern dann Gott den deficirenden Wesen immer wieder das Gute will, ist er barmherzig, a. 3.; und da so Gerechtigkeit und Barmherzigkeit bei Gott gleicherweise auf das Gutes wollen hinauslaufen, kann man sagen, daß sie sich in allen Werken Gottes vereint finden, a. 4. — Folgt so aus dem Willen Gottes die Liebe und die damit verwandten Eigenschaften, so aus der Verbindung der Intelligenz mit dem Willen:

γ. Die Providenz und Prädestination, qu. 22.—25. — Das Wesen der pro= videntia besteht nämlich in dem ordinare res in finem, in dem Hinordnen der Dinge auf ihr Ziel. Da nun Gott vermöge seiner Allwissenheit das Ziel der Dinge voraussieht und wegen seiner Liebe nicht nur ihr bonum in esse, sondern auch ihr bonum in fine, ein gutes Ziel, will, so muß ihm nothwendig die Providenz zukommen, qu. 22., a. 1. Und zwar erstreckt sich dieselbe (was gegen die Averroisten festzuhalten, die nur eine allgemeine Providenz an= nahmen) auch auf das Einzelnste, weil Gott Ursache auch des Einzelnen, a. 2.; insofern ist der Zufall immer nur ein Zufall für uns, von Gott aber etwas bewußt Geleitetes oder doch mindestens bewußt Zugelassenes, wie letzteres auch das Böse ist (ib. ad 1. u. 2.). — Bei der Providenz ist dann der Plan und dessen Ausführung zu unterscheiden. Der Plan nun stammt wegen seiner Allwissenheit durchaus und für Alles unmittelbar von Gott; für die

Ausführung dagegen bedient er sich vielfach der Mittel seiner Providenz, um auch die Geschöpfe an der Würde seiner Ursächlichkeit, dignitas causalitatis, Theil nehmen zu lassen, a. 3. — Geschieht so Alles unter göttlicher Providenz, so ist doch diese nicht ein nöthigendes Fatum, denn das Hauptziel, auf das die Providenz geht, ist die perfectio universi, die Vollendung des Ganzen; dazu aber gehören auch freie Wesen, und darum kann die Providenz nicht deren Freiheit aufheben wollen, a. 4.

Eine besondere Art der Providenz ist die **Prädestination**; sie ist die Vorsehung mit Rücksicht auf das ewige Heil der vernünftigen Creatur. Daß es nun eine solche Prädestination gibt, ist sicher, denn zur Vorsehung gehört vor allem die Hinordnung auf das letzte Ziel. Liegt nun dieses Ziel in der Gewalt oder Kraft des Dinges selbst, so ist dazu eine geringere Providenz nöthig; liegt es aber außer der Kraft desselben, so muß es von dem Leitenden gleichsam darauf hingeführt werden. Das ist aber bei der vernünftigen Creatur der Fall; denn ihr Endziel ist ein übernatürliches, über die natürliche Kraft hinausgehendes, nämlich die ewige Seligkeit, und darum muß sie von Gott darauf hingeführt werden, quasi a Deo transmissa, qu. 23., a. 1. Darum ist die Prädestination zunächst etwas Actives in Gott, passive aber bewirkt sie in dem Prädestinirten die vocatio und endgültig die glorificatio (nach Röm. 8, 30), a. 2. Dagegen ist die reprobatio eine bloße Zulassung, nicht ein positives Insverderbenführen, ein permittere aliquos a fine deficere, was nicht gänzlich verhindert werden darf, da sonst dadurch auch vieles Gute verhindert würde, a. 3. — Bei der Hinordnung der Prädestinirten nun auf ihr Ziel, mußte das Erste sein in Gott: deren dilectio und dann ihre electio, a. 4. Dieser Akt der Auserwählung, actus praedestinationis, ist aber nicht etwa so von den Werken, resp. Verdiensten der Prädestinirten verursacht, wie die Reprobation durch die Werke, resp. Mißverdienste der Verworfenen, sondern hat zunächst rein in der göttlichen Güte seinen Grund; wohl aber hat die Wirkung der Prädestination, der effectus praedestinationis, d. i. daß das Ziel wirklich erreicht wird, auch in der Mitwirkung der Prädestinirten ihren Grund, a. 5., und weil dann Gott, vermöge seiner Allwissenheit, diese Mitbethätigung voraussieht und in seiner Providenz sein Ziel infallibiliter erreicht, ohne die Freiheit der Geschöpfe aufzuheben, so wird er auch in seiner Prädestination nicht getäuscht, sie ist sicher, a. 6. Darum weiß und ordnet Gott die Zahl, den numerus praedestinatorum voraus, und zwar, was hier der leitende Grundgedanke ist, respectu universitatis, mit Rücksicht auf die Vollendung und Abrundung des Ganzen: indem er so Viele positiv zur Seligkeit führt, als diese Vollendung des Ganzen erfordert, und so Viele durch ihre eigene Schuld verloren gehen läßt, als das Ganze zuläßt oder sonst vieles Gute verhindert würde, a. 7. Dagegen, weil der effectus praedestinationis auch durch die freie Mitbethätigung der Geschöpfe erreicht werden muß, so müssen sowohl die Prädestinirten durch gute Werke ihre Prädestination gewiß machen, als auch können sie darin durch Andere gefördert werden, a. 8. — Die Schrift nun spricht über die Prädestination oft unter der Metapher des „Buches des Lebens", liber vitae. Es ist dies nichts Anderes, als das Eingeschriebensein der Prädestinirten und ihrer guten Werke in dem göttlichen Wissen, qu. 24., a. 1., u. s. w. So hat bisher der hl. Lehrer in universaler großartiger Auffassung die innere Lebensthätigkeit Gottes, Erkennen und Wollen, betrachtet, und zwar beides immer auch in Beziehung zur Creatur. In dieser aber wird die Wirkung des Willens hervorgebracht durch die Allmacht, wodurch die innere Lebensthätigkeit gleichsam nach Außen heraustritt. Daher nun von dieser.

2. **Die äußere Lebensthätigkeit Gottes oder die göttliche Allmacht, qu. 25.** — Bei der Betrachtung der Allmacht greift Thomas wieder auf den Kerngedanken zurück, der die ganze Gotteslehre durchdringt: Gott ist actus purus, reines Sein, das Allerpositivste, darum

muß ihm auch vor allem Activität, positiv wirkende Thätigkeit auf Andere ohne alles Beeinflußtsein pati und Empfangen, also Macht im höchsten Sinne, zukommen, a. 1., und zwar muß diese Macht eine unendliche sein, weil auch sein Wesen ein unendliches ist, a. 2. Darum vermag er Alles, er besitzt die „Allmacht". Nur was eine logische Unmöglichkeit, einen Widerspruch in sich schließt, entzieht sich selbstverständlich seiner Allmacht, a. 3. Darum kann er zwar nicht z. B. Geschehenes ungeschehen machen, denn das ist eben ein Widerspruch, a. 4.; aber er vermag noch Mehreres und Anderes zu wirken, als er wirklich gewirkt, und ist nicht, was besonders gegen den Optimismus eines Abälard betont wird, mit Nothwendigkeit zu dem determinirt gewesen, was er wirklich gewirkt, so daß er nicht auch anders hätte wirken können, denn die göttliche Güte wird nicht erschöpft durch endliche creatürliche Wirkungen, a. 5. — Darum hätte er auch noch vollkommenere Wesen erschaffen können, als er wirklich erschaffen (c. Optim.), a. 6. Aus all den bisher betrachteten Eigenschaften Gottes resultirt nun aber seine Seligkeit, sie ist gleichsam die Krone derselben und darum bildet auch ihre Betrachtung den passenden Abschluß des ganzen Tractates.

  Abschluß. Die Seligkeit Gottes, qu. 26. — Die Glückseligkeit resultirt nämlich aus dem Besitze des vollkommenen Gutes und der Erkenntniß der vollkommenen Genüge darin, sufficientia in bono. Da nun Gott beides in vollkommenster Weise zukommt, so eignet ihm nothwendig die beatitudo, a. 1., und zwar wurzelt dieselbe vorzüglich in seiner Intelligenz, denn diese ist die vollkommenste Thätigkeit einer geistigen Natur; das höchste Glück aber bewirkt die höchste Thätigkeit in Bezug auf das höchste Object, also hier die Erkenntniß seiner selbst, a. 2. — Gott ist aber nicht nur für sich glückselig, sondern weil höchstes Object der creatürlichen Erkenntniß, auch die Seligkeit eines jeden Seligen, a. 3., und überhaupt der Inbegriff aller Glückseligkeit, in dem sich alle irdische Glückseligkeit in höherer Weise, per eminentiam, findet, a. 4. — Und so denn erscheint Gott als das Centrum des Strebens und Glückes aller Creaturen, für sich aber als das unendliche Sein und die unendlich vollkommene Erkenntniß und Liebe. Aus letzterem aber resultirt seine trinitarische Existenzweise.

II. Von Gott dem Dreieinen.
(De processione divinarum personarum, qu. 27.—41.)

  Aus der unendlich vollkommenen Selbsterkenntniß und Liebe Gottes resultiren zwei insistente Producte oder processiones, Ausgänge: aus diesen gewisse gegenseitige reale Relationen, und aus diesen die Dreipersönlichkeit Gottes. — Bei einer Betrachtung dieser sind daher zuerst jene processiones und relationes, dann die Personen und diese zunächst an und für sich, hierauf in ihren Beziehungen zu behandeln. Jenes bildet, wie die processiones und relationes gleichsam die Wurzel der Trinität, so deren Darstellung gewissermaßen die Borerörterung zum ganzen Tractat, während dieser dann in die zwei Theile: von den Personen an sich und in ihren Beziehungen zerfällt.

  Vorerörterung: Die Producte und Relationen in der Gottheit, qu. 27. bis 29. — Die Wurzel der ganzen trinitarischen Existenzweise in Gott sind, wie angedeutet, gewisse Producte oder processiones, Ausgänge, in ihm. Die Schrift spricht nämlich, außer von seinem Wesen, von gewissen processiones aus Gott, wie z. B. ego ex Deo processi, Joh. 8, 42. Es fragt sich nun, wie das zu verstehen sei. Offenbar nicht, wie es Arius faßte: als ein geschöpfliches Ausgehen, wornach der Sohn nur ein Geschöpf wäre, da ja Johannes sagt: hic est verus Deus. 1. Joh. 5, 20; noch auch wie Sabellius: als eine bloße Modalität oder Selbstausdehnung Gottes, eine processio ad extra, sondern als ein innerer geistiger Vorgang in Gott. Es müssen, da jeglicher Ausgang das Product einer Thätigkeit ist, die processiones das Product einer innern geistigen Thätigkeit Gottes sein, die in Gott beharren, processio (spiritualis) ad intra oder in ipso manente. Aus diesem Grundgedanken wird nun alles Weitere abgeleitet. Es gibt nämlich zwei Thätigkeiten des Geistes: eine der Erkenntniß und eine des Willens, und so sind in Gott auch zwei Producte denkbar: eines der Erkenntniß und eines des Willens. Das Product der Erkenntniß nun ist der Begriff, conceptio rei intellectae, oder das innerlich ausgesprochene Wort des Geistes, verbum cordis. Und als ein solches inneres geistiges Product, nur vollkommener, muß die erste processio in Gott gefaßt werden, qu. 27., a. 1. Als solche kann sie auch generatio genannt werden, denn diese besteht in dem origo viventis a vivente conjuncto in similitudinem specificam; all dies aber trifft in höherer geistiger Weise bei der processio des Wortes oder Logos in Gott zu, sie ist also eine geistige generatio, a 2. — Nun gibt es aber noch eine andere geistige Thätigkeit: die des Willens oder der Liebe, und auch diese kann und muß darum ihr Product oder processio haben, wornach der geliebte Gegenstand im Liebenden ist, wie der Erkannte im Erkennenden. Und so muß also auch eine processio des Willens oder der Liebe in Gott angenommen werden, a. 3. Aber diese ist dann nicht eine Art generatio, sondern eine Hingabe, inclinatio in rem volitam, ein Sichausströmen, gleichsam wie der Hauch, und wird darum passend Hauchung, spiratio, genannt, a. 4. Dieses müssen die Producte in Gott sein, denn weil es keine andern Lebensthätigkeiten des Geistes gibt, als die des Intellectes und Willens, so kann es in Gott auch nicht mehr und nicht weniger processiones geben als diese zwei, a. 5.

Aus diesen Producten in Gott folgen dann die sog. relationes, gewisse gegenseitige Beziehungen zwischen Princip und Ausgang, qu. 28. Und zwar müssen das reale Relationen, nicht bloß gedachte, rationis, sein, da sie auf einer wirklichen gegenseitigen Lebensbeziehung beruhen, a. 1. Solche Relationen basiren nun im Creatürlichen in gewissen Accidenzien der betreffenden aufeinanderbezogenen Wesen; weil aber in Gott keine Accidenzien sind, so müssen in ihm die Relationen real eins sein mit der Wesenheit, idem essentiae secundum rem, a. 2., und weil so die Relationen reale, so sind sie zwar nicht real von der Wesenheit, aber doch real von einander unterschieden, a. 3.; und da dieselben nichts anderes als die reale Beziehung zwischen Princip und Product sind, so kann es nicht mehr und nicht weniger als die vier geben: paternitas und filiatio, und spiratio activa, Hauchen, und spiratio passiva, Gehauchtsein, a. 4.

Aus diesen Relationen folgt nun, weil sie reale und substantiale sind, die Dreipersönlichkeit in Gott und zwar kann man die Personen in Gott betrachten an und für sich, und dann in ihren Beziehungen. Damit geht der hl. Lehrer von der Vorerörterung auf den eigentlichen Gegenstand über.

A. Die göttlichen Personen an sich, qu. 29.—39.

Bei der Betrachtung der göttlichen Personen erscheint es als angezeigt, zunächst über die Dreipersönlichkeit im Allgemeinen abzuhandeln und dann über die einzelnen Personen im Besondern. (Vgl. Einltg. zu qu. 29.)

1. **Die Dreipersönlichkeit Gottes im Allgemeinen, qu. 29.—33.** — Hier ist wiederum zunächst der Personenbegriff zu bestimmen, dann die Anwendung auf Gott zu machen, resp. dessen Vielpersönlichkeit nachzuweisen, aus deren Art und Weise gewisse Regeln für die Terminologie sich ergeben, und bevor auf die Betrachtung der Personen im Einzelnen übergegangen werden kann, fragt es sich, wie man diese erkenne, ihre Notionen sind zu bestimmen (ibid.).

a. **Begriffsbestimmung von Person, qu. 29.** — Unter Person nun versteht man zunächst im Allgemeinen, wenn man Person und Natur noch nicht voneinander unterscheidet, sondern das Wort nur als „persönliche Natur" faßt: eine individuelle, d. i. für sich bestehende und von andern verschiedene geistige Substanz, a. 1. Insofern bezeichnet der Name das Gleiche was Hypostase, nur daß der Name Person hervorhebt, daß die betreffende Natur eine geistige sei, a. 2. Der Begriff Person drückt somit eine Vollkommenheit aus, und daher muß Gott persönlicher sein als irgend ein anderes Wesen (c. Pantheism), a. 3. Man kann daher von ihm ohne nähere Distinction sagen, er sei persönlich; allein genauer bestimmt, ist er dreipersönlich und doch nur einfach im Wesen — deshalb muß der Personenbegriff noch genauer bestimmt werden: Person im Unterschied zu Wesen; denn wäre kein Unterschied zwischen Person und Wesen, so könnte Gott, weil einwesentlich, auch nur einpersönlich sein. So gefaßt nun, bedeutet Person zunächst und direct (in recto) eine Relation und nur nebenher (in obliquo) auch die Natur damit, und zwar bezeichnet er die Relation des indistinctum esse in se und des distinctum esse ab aliis das Eins in sich und Verschiedensein von Anderen oder kurz gesagt das Individuellsein. Und weil nun in Gott die Relationen nicht Accidenzien, sondern real eins sind mit seinem Wesen, dieses aber ein subsistentes ist, so bedeutet in Gott Person im Unterschied zur Natur eine subsistente (oder individuelle) Relation, a. 4.

b. **Die Dreipersönlichkeit Gottes, qu. 30.** — Weil nun in Gott mehrere reale Relationen, so sind auch in ihm mehrere subsistente Personen (d. h. das in ihm ausgesprochene Wort und die Hingabe oder Gabe der Liebe steigern sich in ihm, weil vollkommener als in uns, zu solcher individueller Selbständigkeit, daß sie als persönlich erscheinen), a. 1. Und zwar, weil so viele Personen als einander entsprechend gegenüberstehende Relationen, relationes oppositæ, so müssen in Gott nothwendig drei Personen sein: Vater, Sohn und hl. Geist, a. 2. Dieses Zahlwort „drei" ist aber hier nicht als divisio materialis, d. i. als breimal gesetzte Materie, also mathematisch als species quantitatis zu fassen, sondern als divisio formalis, d. i. als breimal nach verschiedener Beziehung hin zu metaphysischer Einheit und Individualität sich steigernde Substanz, also als metaphysische Zahl i. e. breimal unum indivisum, a. 3.

c. **Die Terminologie in der Trinitätslehre, qu. 31.** — Weil nun so in der Trinität eine Einheit der Substanz und eine Dreiheit der Personen besteht, so sind in dem Sprachgebrauch über dieselbe gewisse Regeln zu beobachten. Es gilt hier als allgemeines Princip: es sind alle Namen zu vermeiden, die entweder eine Theilung in die Natur oder eine Einheit in die Personen hineintragen würden, cf. a. 2. Unter diesem Gesichtspunkt sind all' die Fragen zu lösen, ob und in welchem Sinn man diesen oder jenen Ausdruck wie trinitas, a. 1., filius alius a Patre, a. 2, solus Deus, a. 3., solus altissimus J. Chr. gebrauchen könne, a. 4.

d. **Die Erkennbarkeit der Dreipersönlichkeit und die Notionen, qu. 32.** Da nun durch die Ausdrücke die Sache bezeichnet und die Dinge von einander unterschieden werden, so fragt es sich, bevor zur Betrachtung der Personen im Einzelnen übergegangen werden kann, was für Namen man denselben zur gegenseitigen Unterscheidung beilegen könne resp. durch welche Personeneigenthümlichkeit sich jede von der andern unterscheide und so als solche erkannt und benannt werden könne (notiones). Und da kann zunächst gefragt werden, ob der Personenunterschied in Gott und damit die Personeneigenthümlichkeit durch die bloße Vernunft erkannt werden könne; und hierauf ist negative zu antworten, da die Dreipersönlichkeit weder a priori mit Sicherheit aus dem Gottesbegriff deducirt, noch aus geschöpflichen Abbildern mit Gewißheit erschlossen werden kann, weshalb auch alle scheinbaren Andeutungen auf die Trinität bei Philosophen, wie bei Plato ꝛc. keine trinitar. Existenzweise aussagen, a. 1. Und so denn sind die notiones nur aus der Offenbarung herzuholen, a. 2., und zwar werden gewöhnlich fünf aufgezählt: die innascibilitas, paternitas, filiatio, spiratio activa und passiva, a. 3. Doch könnte man darüber salva fide auch andere denken, a. 4.

2. **Von den göttlichen Personen im Besondern**, qu. 33.—39. — Nachdem so im Allgemeinen über die Dreipersönlichkeit abgehandelt, sind nun die Personen, besonders mit Rücksicht auf deren Namen, im Besondern zu betrachten.

a. Die Person des Vaters, qu. 33. — Die erste Personeneigenthümlichkeit nun, die nach dem Vorhergehenden den Vater auszeichnet, ist, daß von ihm die anderen Personen ausgehen, und dies bezeichnet passend der Name principium, a. 1.; eine andere, die ihn von beiden andern Personen unterscheidet, ist die paternitas und dieser entspricht der Name Vater, a. 2. Nun wird dieser Name auch der ganzen Gottheit in ihrer Beziehung zur Creatur zugeschrieben: „Vater unser"; aber zunächst kommt er doch der Person als solcher zu und diese Vaterschaft ist das Urbild jener, a. 3.; endlich unterscheidet den Vater besonders von den andern Personen, daß er nicht wie diese durch Ausgang von einer andern ist und dies bezeichnet der Name innascibilitas oder ingenitum esse, a. 4.

b. Die Person des Sohnes, qu. 34.—36. — Der Name, der das Wesen der zweiten Person vor Allem bezeichnet, ist „Wort" Verbum, Logos, denn er bedeutet den conceptus intellectus, den Begriff als Ausdruck oder Product der Erkenntniß und das ist gerade die zweite Person für die göttliche Erkenntniß. Deßhalb geht dieser Name auf die Person und nicht auf das Wesen Gottes, qu. 34., a. 1.; und zwar kann derselbe nur der zweiten Person zukommen, weil nur sie ein Product der Erkenntniß ist, a. 2. Damit ist aber zugleich auch eine Beziehung zur Creatur ausgedrückt; denn wie wir mit dem Begriff oder innern Wort erkennen, so spricht auch Gott seine Ideen von den Dingen im Logos aus und dieser ist nun sowohl Gottes Erkenntnißprincip für sowie das Urbild der Schöpfung, a. 3. — Ein fernerer Name der zweiten Person ist imago. Ein Abbild ist, was einem Andern specifisch ähnlich ist und von ihm abgenommen ist. Das ist aber bei der Person des Sohnes der Fall und deßhalb ist dieser Name ein Personenname in Gott, qu. 35, a. 1., und kann zutreffend nur der zweiten Person beigelegt werden, da nur sie nach Weise eines „Abbildes" vom Vater ausgeht, nicht aber der hl. Geist, a. 2.

c. Die Person des hl. Geistes, qu. 36.—39. — Der entsprechende Name der dritten Person ist spiritus sanctus. Zwar wird überhaupt die Gottheit auch „Geist" genannt, aber die dritte Person noch ganz besonders, weil sie der Ausdruck der Liebe ist; denn Liebe aber ist der impulsus und motio zum geliebten Gegenstand eigen; eine solche impulsio stellt im Sinnlichen besonders der Hauch dar, und daher ist der Ausdruck spiritus. Das „heilig" aber wird beigesetzt, weil diese Hauchung etwas Göttliches ist, qu. 36., a 1. Und zwar geht dieselbe von beiden aus, vom Vater und Sohn, filioque, was besonders gegen die Griechen festzuhalten ist, denn die Liebe geht immer auch vom Begriffe aus, indem etwas vorher erkannt sein muß, bevor es geliebt werden kann, a. 2. Dabei ist aber zuzugeben, daß, wenn auch der hl. Geist vom Vater und Sohn ausgeht, er von ihnen doch nur tamquam ex uno principio ausgeht, a. 4. — Ein fernerer Name der dritten Person ist „Liebe". Bei der Armuth unserer Ausdrücke für das Willensgebiet bezeichnet aber der Name Liebe sowohl den Act der Liebe als den Ausdruck derselben und in letzterm Sinne nur ist er vom hl. Geiste zu gebrauchen, wie auch der Logos nicht der Erkenntnißact, sondern der Ausdruck der Erkenntniß ist, qu. 37. a. 1. Endlich wird der hl Geist auch „Gabe" genannt, qu. 38., und zwar sowohl insofern sich Gott in ihm in der Gnadenordnung an die Creatur hingibt, a. 1., als auch insofern die Gabe der Ausdruck der Liebe ist, was wiederum der Personeneigenthümlichkeit des hl. Geistes entspricht, a. 2.

B. Die göttlichen Personen in ihren Beziehungen, qu. 39.—44.

Nachdem so die Personen betrachtet worden sind an und für sich, so erübrigt noch sie zu betrachten in ihren Beziehungen und zwar können sie in Vergleich gesetzt werden zur göttlichen Wesenheit, zu den Relationen, zu den Notionen, dann unter sich und endlich nach Außen zur Creatur.

1. Die Personen in ihrem Verhältniß zur Wesenheit, qu. 39. — Vergleicht man die Personen in ihrem Verhältniß zur göttlichen Wesenheit, so ist zu sagen, daß Personen und Wesen der Sache nach eins und nur die Personen real von einander unterschieden sind, daraus aber folgen:

a. die Regeln der Terminologie: dabei gilt besonders der Grundsatz: die abstracten Substantive bezeichnen die Wesenheit und können daher nur im Singular und nicht für die Person gebraucht werden, a. 3. und 5. und die concreten, die nomina concreta essentialia bezeichnen Wesen und Person und können daher nicht im Plural gebraucht, wohl aber von jeder Person ausgesagt werden, z. B. Deus Pater, Deus Filius, Deus Spiritus S. sed non tres Dii. Aus der realen Einheit der Personen und Wesenheit folgen ferner:

b. Die Appropriationen, a. 7. und 8. — Es können nämlich gewisse Wesensbestimmungen auch den einzelnen Personen besonders beigelegt werden, damit das Geheimniß der Trinität um so klarer festgehalten werde. Und das nennt man Appropriation. Und zwar werden dieselben von gewissen Aehnlichkeiten im Creatürlichen hergeholt, aber der Person nicht so beigelegt, als ob sie nur ihr zukämen, a. 7. Als solche Appropriationen werden besonders beigelegt: dem Vater die Macht, dem Sohne die Weisheit, dem hl. Geist die Liebe, a. 8. ꝛc.

2. Die Personen in ihrem Verhältniß zu den Relationen, qu. 40. — Vergleicht man die Personen mit den Relationen, so ergibt sich aus dem Bisherigen, daß, weil die Relationen real mit der Wesenheit identisch, sie mit den Personen identisch und in ihnen sind, a. 1., und zwar werden gerade durch die realen Relationen die Personen von einander unterschieden, a. 2., so daß, wenn man von den Relationen abstrahiren würde, man auch die Dreipersönlichkeit nicht mehr festhalten könnte, a. 3. Doch setzen allerdings die Relationen die actus notionales, b. i. die generatio und spiratio voraus, a. 4.

3. Die Personen im Verhältniß zu den actus notionales, qu. 41. Diese actus notionales selbst aber sind die Grundproducte in der Gottheit, auf denen die Dreipersönlichkeit beruht, a. 1., und zwar sind sie der natürliche Lebensproceß der göttlichen Natur resp. der Erkenntniß und Liebe, der, wenn er auch nicht blind nothwendig, sondern bewußt vor sich geht, doch nicht anders sein könnte, a. 2., und es ist diese Zeugung aus der Natur Gottes und nicht etwa ex nihilo (c. Arium), noch auch gießt der Vater gleichsam nur einen Theil der Natur in den Sohn über, a. 3. Weil aber so die actus notionales die ganze göttliche Natur in die hervorgebrachte Person übergießen, so sind alle drei Personen nothwendig wesensgleich:

4. Das Verhältniß der Personen unter sich: ihre Gleichwesentlichkeit, qu. 42. — Die Gleichheit ist die Negation jedes Mehr oder Weniger. Da nun in allen drei Personen das gleiche göttliche Wesen, so kann in ihnen keine Ungleichheit sein; es fällt damit jeglicher Subordinatianismus, a. 1. Weil dann die actus notionales in der Natur Gottes beruhen und darum ewige sind, so sind auch die drei Personen gleich ewig, speciell (c. Arian.) der Sohn coaeternus Patri, a. 2. Doch besteht allerdings eine logische oder natürliche Aufeinanderfolge, insofern das Princip selbstverständlich vor dem Product ist, a. 3. Es ist auch der Sohn gleich groß und erhaben wie der Vater, da die ganze Natur vollkommen mitgetheilt

wird. — Wegen diesem gegenseitigen Verhältniß der Personen zu einander besteht auch ein vollständiges gegenseitiges Sichdurchwohnen der drei Personen, die sog. Circuminsessio, a. 5. — Daraus folgt aber auch in der Beziehung der Trinität nach Außen, daß dem Sohne die gleiche Allmacht zukommt, wie dem Vater, a. 6. Diese Beziehung der Personen nach Außen nun wird vermittelt durch

5. Die Mission der göttlichen Personen, qu. 43. — Es spricht nämlich die Schrift von einer Sendung in Gott. Joh. 8, 16. Unter Sendung nun versteht man das Aus- oder Weggeben von einem und das Hingehen resp. novo modo esse in anderer Weise bei einem andern Sein. Weil nun in der Trinität ein Ausgehen von Personen ist und eine neue Existenzweise derselben bei der Creatur, wie z. B. in der Incarnation, so gibt es in der Trinität eine Sendung, a. 1., und es ist dieselbe, sowie die datio die Hingabe an die Creatur, eine zeitliche Wirkung in der Creatur, a. 2. — Man unterscheidet nun eine sichtbare und eine unsichtbare Sendung: die unsichtbare Sendung geschieht durch die Eingießung der heiligmachenden Gnade, denn durch sie wohnt Gott in besonderer Weise, nicht nur durch die gewöhnliche Allgegenwart in dem Begnadigten; es ist das dann die sog. inhabitatio, a. 3. Von einem solchen Wohnen im Begnadigten spricht die Schrift betreffs der ganzen Trinität, Joh. 14, 23, auch vom Vater; doch kommt diesem dennoch nicht die missio zu, weil er nicht processione in der Trinität ist, a. 4., und so vollzieht sich die invisibilis missio für alle, in denen eben die Trinität durch die Eingießung und Umwandlung durch die Gnade novo modo ist, a. 5. — Was dann die visibilis missio anbetrifft, so kommt sie offenbar dem Sohne zu durch die Incarnation, aber auch dem hl. Geist durch seine Ausgießung am Pfingstfest, a. 7.

So bildet dann die Betrachtung der missiones divinae den Uebergang zu der folgenden Abhandlung von der Schöpfung. Und es sind jene göttlichen Ausgänge als Vorbild des Ursprungs der Creaturen von Gott gefaßt, womit eine ebenso einfache als tiefsinnige Einheit zwischen dem Vorhergehenden und Folgenden gewonnen ist.

III. Von der Schöpfung.
(De processione creaturarum a Deo[1]), qu. 44.—119.)

Die Schöpfung, als die Nachbildung der trinitarischen Ausgänge in Gott, kann zunächst betrachtet werden an sich: die wirkliche Erschaffung der Dinge; dann das Wesen der Creaturen im Einzelnen oder die distinctio creaturarum und endlich deren Erhaltung und Regierung. Daher die Dreitheilung. Doch verhält sich auch hier wieder der erste Theil dem Inhalt und Ausdehnung nach nur wie die Einleitung, weshalb er auch hier nur als solche hervorgehoben werden soll.

Einleitung: Die Erschaffung der Dinge, qu. 44.—47. Bezüglich der Erschaffung der Dinge kann zunächst nachgewiesen werden, daß Gott die erste Ursache aller Dinge sein muß; dann, daß er es nur durch Schöpfung aus Nichts sein kann; und endlich, daß die Dinge einen zeitlichen Anfang haben.

1. Gott die erste Ursache der Dinge, qu. 44. — Vorab ist klar, daß Gott die bewirkende Ursache, causa efficiens, der Dinge ist, denn von dem, was Etwas wesenhaft und an und für sich ist, muß Alles stammen, was das nicht an und für sich ist, wie das Feurige, ignitum, vom Feuer. Nun aber ist Gott das Sein an und für sich; alles andere Sein

---

[1]) Daß der Ausdruck nicht im pantheist. Sinne zu verstehen, zeigt gleich die folgende stricte Betonung der Schöpfung aus Nichts.

aber ist nicht an und für sich, oder das Sein schlechthin, also muß es von diesem stammen, a. 1. und zwar seinem ganzen Sein nach, also auch die erste Materie, so daß Gott nicht nur wie die Alten meinten, Weltbildner, Bildner der Form der Dinge aus einer ewigen Materie, sondern Weltschöpfer ist, a. 2. Er muß aber auch die vorbildliche Ursache, causa exemplaris, der Form der Dinge sein. Denn wenn etwas eine bestimmte Form haben soll, so muß es nach einem Plan dazu geformt werden, darum muß man auch für die Naturformen einen Plan in Gott annehmen und das sind die göttlichen Ideen, a. 3. cf. qu. 15.; Gott ist aber auch die Endursache, causa finalis, der Dinge; denn ein jedes Wesen strebt nach einem Ziel, das in seiner Vollkommenheit perfectio besteht, damit strebt es aber nach einer Verähnlichung mit Gott, der die Vollkommenheit selbst ist, und so strebt Alles (selbst unbewußt) nach Gott, a. 4. — Nun fragt sich aber, wie denn die Dinge von Gott stammen, de modo emanationis, und darauf ist zu antworten: durch Schöpfung aus Nichts.

2. Die Schöpfung aus Nichts, qu. 45. — Wie nämlich bei dem Entstehen eines Einzelwesens aus einem Andern, das Werdende noch nicht da war, so muß auch das allgemeine Sein der Dinge vor seinem Entstehen, nicht dagewesen sein, so daß die creatio eine emanatio totius esse ex non ente, ein Entstehen aus Nichts ist, a. 1.; ja Gott muß geradezu das Sein aus dem Nichts geschaffen haben, weil er, wie sich im Vorhergehenden gezeigt, die allgemeine Ursache alles Seins ist, setzte er aber bei seinem Schaffen ein Sein voraus, so müßte dieses eine andere Ursache haben, a. 2. — Also erschaffen aber kann nur Gott, denn je allgemeiner die Wirkung, eine um so allgemeinere Ursache postulirt sie, das Allerallgemeinste aber ist das Sein; deshalb kann dieses auch nur von der ersten Ursache bewirkt sein, während alles Andere dasselbe, b. i. eine Materie in seinem Schaffen voraussetzt, a. 5. Und zwar ist das Erschaffen zunächst eine Wirkung der Gottheit als solcher, als das ens primum, und kann nur einer Person appropriirt werden, insofern derselben potentia und sapientia, Weisheit und Liebe appropriirt sind, diese aber als die Hauptursache der Schöpfung erscheinen, a. 6., weshalb denn auch Erkenntniß und Liebe im Menschen als imago, Abbild, Substanz (mensura), weise Anordnung (numerus) und auf ein Ziel hingeordnete Bewegung (ordo) in der Natur als ein vestigium Fußstapfen der Trinität gefaßt werden können, a. 7. — Weil so das Erschaffen rein nur Sache Gottes ist, so findet sich kein eigentliches Erschaffen, sondern nur ein Schaffen in den Kunstwerken und selbst nicht in der Natur, denn die Lebensprincipien, formae, in ihr stammen auch nur von Gott, a. 8. Ist aber die Welt erschaffen, so ist sie auch zeitlich.

3. Die Zeitlichkeit der Welt, qu. 46. — Die Zeitlichkeit der Welt wurde von den mittelalterlichen Theologen besonders bewiesen gegen die Averroisten, welche die Nothwendigkeit einer ewigen Weltschöpfung für Gott annahmen. In der Lösung dieses Einwandes bildete sich nun unter den Scholastikern selbst eine Controverse: die einen sagten, man kann die Nothwendigkeit einer zeitlichen Weltschöpfung beweisen, die andern, man kann nur ihre Möglichkeit beweisen, die wirkliche Zeitlichkeit dagegen wissen wir nur aus der Offenbarung. Zu letztern gehört Thomas und zeigt deshalb in a. 1., die Welt kann zeitlich sein, weil Gott in der Weltschöpfung frei ist, cf. qu. 19. a. 3.; deshalb konnte er sie schaffen wie und wann er wollte. Darum hätte er sie auch ewig erschaffen können; daß er es nicht that, sondern sie in der Zeit erschuf, läßt sich nicht beweisen, sondern wissen wir nur durch den Glauben, indem es heißt: in principio creavit, a. 2. Dieses in principio aber hat noch einen tiefern Sinn; es bedeutet auch gegen die Manichäer, daß Alles nur von Einem Princip herstammt, und gegen die Gnostiker, daß Alles ursprünglich von Gott geschaffen und nicht etwa die Körperwelt nachträglich von einem Demiurgen gebildet wurde, a. 3.

Nachdem so einleitend die wirkliche Erschaffung der Welt betrachtet ist, kann an die Betrachtung der einzelnen Theile derselben geschritten werden. Nun erscheinen diese als unter schiedene Substanzen (gleichsam als eine abbildliche Differenzirung des einfachen göttlichen Seins) und so wird Alles Folgende abgehandelt unter dem Gesichtspunkt der distinctio rerum, was man auch die Gliederung nennen könnte.

A. Die Gliederung der Schöpfung, qu. 47.—103.

Diese Gliederung kann wieder zunächst im Allgemeinen und dann im Besondern betrachtet werden:

a. Die Gliederung der Schöpfung im Allgemeinen, qu. 47. — Wenn man nämlich die Schöpfung zunächst nur ganz im Allgemeinen betrachtet, so fällt an ihr die Vielheit und Ungleichheit der Dinge auf und man kann fragen, stammt diese ursprünglich von Gott? Thomas antwortet: ja; denn nur indem Gott viele und mannigfaltige Dinge erschuf, konnte seine unendliche Inhaltsfülle in der Schöpfung wenigstens einigermaßen dargestellt werden, da das eine Wesen ihn nach der, ein anderes nach einer andern Seite nachbildet, a. 1., und ähnlich verhält es sich auch mit der Ungleichheit der Dinge; es kann diese eine materiale numerische oder eine formale, nach der Verschiedenheit der species, sein. Viele und verschiedene Individuen Einer species müssen nun sein zur Erhaltung der Art und viele Arten, damit immer in der nächsthöhern eine Addition der Güte im Vergleich zur niedern eintrete und so durch die Verschiedenheit der Vollkommenheitsgrade die Schönheit des Universums hervorgebracht werde, a. 2. Aber alle diese vielen und mannigfaltigen Wesen bilden doch wieder nur Ein großes Ganzes, da sie alle von Gott auseinanderbezogen und selbst wieder auf Gott hingeordnet sind, a. 3. Mit dieser Ansicht von der ursprünglichen Ungleichheit der Dinge fällt aller Revolutionarismus und Determinationspantheismus. — Wenn man nun aber doch näher die Dinge betrachtet, so findet man an ihnen noch weitere Unterschiede und Gliederungen.

b. Die Gliederung der Schöpfung im Einzelnen, qu. 48.—103. Und zwar beobachtet man zunächst Einen Grundunterschied in allem Geschöpflichen, der durch dasselbe hindurchgeht, wie die Scheidung von Licht und Finsterniß, nämlich den Unterschied von Gut und Bös, qu. 48.—50. Und hier fragt es sich vorab, was denn das Wesen des Bösen sei? qu. 48. Es ist dasselbe nun nicht wie die Manichäer meinten, eine böse Substanz, denn alle Entität ist ein Gut, cf. qu. 5.; da nun das Böse der Gegensatz des Guten, so kann es nur in einer absentia boni oder in dem Mangel einer Vollkommenheit, die an einer Entität von Natur sein sollte, bestehen, a. 1., malum est defectus boni quod natum est et debet haberi, cf. qu. 49. a. 1. Sein accidenteller Grund ist daher die Desectibilität, d. i. die Verschlimmerungsfähigkeit der Geschöpfe; diese aber gehört zur Vollkommenheit des Universums, da ohne dieselbe viel Gutes gar nicht eintreten könnte. Dann aber muß Gott es auch zulassen, daß hie und da Wesen wirklich desiciren und so wird sich immer Böses in der Welt finden, so lang ihre Desectibilität besteht, a. 2. Aber immer ist das Böse nur an einem Guten und nie eine selbständige Substanz, da es immer nur die remotio boni ist, das an einem Wesen sein sollte, also das Wesen voraussetzt, a. 3. Darum kann auch das Böse nie das ganze bonum, die ganze Güte eines Wesens vernichten; immer noch bleibt wenigstens die Entität und mit ihr eine, wenn auch noch so geschädigte Fähigkeit zur guten Bethätigung, a. 4. — Ist so das Wesen des Bösen bestimmt, so kann man es nun auch noch eintheilen. Die gewöhnliche Eintheilung ist die in ein malum culpae, moral. Böses, und ein malum poenae, Strafübel, a. 5., und zwar hat die Schuld mehr den Charakter des Bösen als das Uebel, a. 6. — Eine Hauptfrage ist nun die nach dem Ursprung des Bösen, qu. 49.; stammt es vielleicht, wie die

Manichäer meinten, von einem bösen Urprincip? Daß dem nicht so sein könne, ergibt sich schon daraus, daß die Ursache des Bösen immer, allerdings nicht direct sondern per accidens d. i. nebenher, zufällig nicht beabsichtigt, ein bonum ist, wie z. B. das Feuer, das an und für sich etwas Gutes, die Ursache der Verbrennung wird, a. 1.; insofern ist sogar Gott indirect Ursache des Bösen, aber nur indirect durch Zulassen von Defecten, deren gänzliches Verhindern den Bestand und die Vollkommenheit des Universums aufheben würde, oder durch Verhängen von Strafübeln, nie aber direct durch Verursachen eines malum culpæ, a. 3. Vor Allem aber ergibt sich die Unzulässigkeit der manichäischen Annahme eines Urprincips des Bösen aus dem Begriff des Bösen selbst: da nämlich alles Böse immer nur an einem Guten sein und es so keine böse Substanz geben kann, so kann es auch kein an und für sich Böses geben, a. 3. — So also ist der Unterschied von gut und bös in der Schöpfung erst nachträglich in dieselbe hineingekommen. Dagegen ist ein ursprünglicher Unterschied in derselben der von verschiedenen Substanzen: reingeistigen, körperlichen und körperlich-geistigen. Darum hievon im Folgenden.

1. Die Engelwelt, qu. 50.—65.

Die Engel sind die nächste und höchste Imitation Gottes, in denen sich sein Wesen noch am geeintesten widerspiegelt, cf. passim. An ihnen ist zu untersuchen ihr natürlich-geistiges Wesen, dann die geistige Thätigkeit: Erkenntniß und Wille, und endlich ihre ursprüngliche, übernatürliche Ausstattung, Bewährung und Fall.

I. **Das Wesen der Engel, qu** 50.—54. — Dasselbe kann betrachtet werden zunächst an und für sich, absolute, und dann in seiner Beziehung zur Körperwelt, relative.

a. Das Wesen der Engel an und für sich, qu. 50. — Vorab ist festzuhalten, daß der Engel durchaus unkörperlich ist. Die Existenz solcher rein geistiger Wesen fordert der Zweck der Schöpfung. Dieser ist die assimilatio ad Deum, die Nachbildung Gottes; man ist Gott wesentlich Geist, darum muß er vor allem in seiner reinen Geistigkeit nachgebildet werden, a. 1. Dann aber sind sie reine formæ oder Lebensprincipien, nicht zusammengesetzt aus Materie und Form, a. 2., und müssen in überaus großer Zahl existiren nach dem Grundsatz: je vollkommener die Wesen, in um so größerer Zahl sind sie von Gott erschaffen, a. 3. Doch bildet jeder Engel gleichsam für sich seine eigene Art oder species, da nur auf Grund der verschiedenen Bildung der Materie mehrere Wesen derselben species angehören resp. dieselbe Form besitzen und doch verschieden sein können, a. 4. Sind aber die Engel reine Formen, so sind sie nothwendig auch incorruptibel, unsterblich, da die corruptio in der Trennung von Materie und Form besteht, a. 5. — Aus der reinen Geistigkeit resultirt nun auch ein eigenthümliches Verhältniß der Engel zur Körperwelt.

b. Verhältniß der Engel zur Körperwelt, qu. 51.—54. Es besitzen die Engel keine Körper, qu 51. a. 1., können aber solche zu Erscheinungen annehmen, a. 2.; jedoch verbinden sie sich mit denselben nicht zu einer physischen Einheit, a. 3. - Als endliche Wesen sind dann die Engel immerhin an einem Orte, qu. 52. a. 1., und nicht an vielen Orten zugleich, a. 2., oder viele an demselben Orte, a. 3. Deshalb kommt bei ihnen auch ein Wechsel des Ortes, also eine locale Bewegung, vor, qu. 53. a. 1., aber nicht per continuum, d. i. durch Durchlaufen des Zwischenraumes, a. 2. noch auch ohne Zeit, a. 3. — Aus der Geistigkeit der Engel folgen ihre geistigen Fähigkeiten, Intellect und Wille.

2. **Die Erkenntniß der Engel, qu. 54.—59.** — An derselben kann man betrachten: das Erkenntnißvermögen, das Mittel ihrer Erkenntniß, die Objecte derselben und die Erkenntnißweise.

a. Das Erkenntnißvermögen, qu. 54. — Dem Engel muß als einem reinen Geist Erkenntnißkraft zukommen. Dagegen weil er nicht actus purus wie Gott, so ist ist sein Erkennen nicht identisch mit seiner Substanz, a. 1. Dagegen kann bei ihm nicht wie bei uns unterschieden werden zwischen einem intellectus possibilis, Aufnahmsvermögen des Erkannten, und einem intellectus agens, Abstractionsvermögen, a. 4.

b. Das Erkenntnißmittel, qu. 55. — Denn der Engel erkennt durch anerschaffene Ideen, die als Abbilder jener ewigen Ideenwelt, die im Logos existirt und gleichsam als erster Ausfluß des göttlichen Erkenntnißlichtes ihm eingeprägt sind (cf. qu. 56. a. 2.), a. 1; darum nicht durch Abstractionsthätigkeit an in ihm von außen verursachten Vorstellungsbildern, a. 2.; und jene anerschaffenen Ideen sind um so universaler, je höher der Engel steht.

c. Das Erkenntnißobject, qu. 56. und 57. — Mit diesen anerschaffenen Ideen erkennt nun der Engel vorab Immaterielles, qu. 56., und zwar zunächst sich selbst durch seine Substanz, a. 1. Dann durch jene anerschaffenen Ideen die andern Engel, a. 2.; endlich durch ihre Gottebenbildlichkeit Gott, aber immerhin durch ihre bloße Natur auch nur analog wie wir, wenn auch vollkommener: da das Schauen Gottes von Natur aus keiner Creatur zukommt, auch nicht einmal der englischen, sondern dazu die Verklärung durch das lumen gloriae nothwendig ist, a. 3. cf. qu. 12. a 4. — Der Engel erkennt aber auch das Materielle, die Körperwelt, qu. 57., denn es besteht in den Creaturen eine absteigende Ordnung, so daß, was in den niedern in unvollkommener Weise und gleichsam zersplittert, deficienter et partialiter et multipliciter enthalten ist, in den höhern sich geeint und in höherer Weise, eminenter et per quandam totalitatem et simplicitatem findet, bis dann in Gott als dem summus vertex rerum Alles in höchster Einheit supersubstantialiter enthalten ist. So finden sich darum auch die Vollkommenheiten des Materiellen in höherer Weise in den Engeln und so erkennen sie dasselbe auch durch die angebornen Ideen, a. 1, und zwar auch das Einzelne, da, wie das Einzelne von Gott ausgeht, so auch die Ideen desselben in die Engel, a. 2.; dagegen erkennen sie das Zukünftige nur conjectural, a. 3., und die Gedanken des Herzens nur in ihren Aeußerungen, a. 4.; noch weniger endlich erkennen sie die Mysterien der Gnade ohne göttliche Offenbarung, a. 5.

d. Die Erkenntnißweise, qu. 58. — Diese (natürliche) Erkenntniß des Engels nun ist eine fertige, nicht erst zu erringende, wenn er auch nicht immer alles das actuell erkennt, a. 1.; auch erkennt er die Dinge in seinen Ideen allzugleich, a. 2., und nicht discursiv, sondern intuitiv, a. 3., und so auch nicht schlußweise, a. 4. Darum ist auch in ihrer natürlichen Erkenntniß kein Irrthum möglich, sondern nur in solchem, das sie nur durch übernatürliche Offenbarung wissen könnten, a. 5. Insofern nun die Engel dasselbe, was sie durch ihre natürliche Erkenntniß durch ihre Ideen erkennen, auch (in ihrem verklärten Zustand nach ihrer Bewährung) in Logos schauen, erkennen sie die Dinge doppelt und nennt man letztere Erkenntniß cognitio matutina, erstere vespertina, a. 6.

3. **Der Wille der Engel**, qu. 59.—61. — Nach der Erkenntniß ist der Wille der Engel zu betrachten und zwar zunächst der Wille an sich, dann die Willensbewegung oder die Liebe.

a. Der Wille an sich, qu. 59. — Daß die Engel Willen haben müssen, erhellt daraus, daß, weil Alles vom göttlichen Willen und dem höchsten Gut ausgeht, auch Alles wieder zu einem Gute hinstrebt, einiges unbewußt, anderes mit etwelcher particularer Erkenntniß, wieder Anderes mit rationeller Unterscheidung, und dahin gehören die Engel, a. 1.; aber auch der Wille der Engel ist, weil sie nicht absolut einfach sind wie Gott, weder real eins mit ihrer Natur noch mit ihrer Erkenntniß, a. 2. Weil dann der Wille der Engel auf ihrem Intellecte basirt, der über das Gute urtheilen kann, so ist derselbe ein freier, a. 3., doch weil er nicht mit einem sinnlichen Strebevermögen verbunden ist, kann in ihm nicht der Unterschied von Irascibilität und Concupiscibilität sich finden, a. 4.

b. Die Willensthätigkeit der Engel oder die Liebe, qu. 60. — Aus dem Willensvermögen fließt die Liebe, denn der Wille hat die natürliche Hinneigung zu einem Gute und das ist die Liebe, a. 1., und weil dieselbe beim Engel geleitet wird vom Intellect und nicht nur vom blinden Trieb der Natur, ist sie eine electiva oder bewußt wählende und nicht nur eine naturalis, a. 2. — Das Object dieser Liebe aber ist zunächst der Engel sich selbst, a. 3., dann die andern sich specifisch ähnlichen Wesen, also die Engel, a. 4., über Alles aber Gott als das höchste Gut, a. 5.

4. **Erschaffung, Bewährung und Fall der Engel, qu. 61.—65.** — Nach der Untersuchung über das Wesen der Engel erübrigt noch, deren Erschaffung oder Urstand zu betrachten und dabei ist Dreierlei ins Auge zu fassen: deren natürliche Erschaffung; ihre übernatürliche Ausstattung und Bewährung und der Fall der bösen Engel. (Vgl. Eltg. zu qu. 61.)

a. Die Erschaffung der Engel, qu. 61. — Gegen alle pantheistischen Emanationstheorien ist hier vor Allem festzuhalten, daß auch die Engel, weil sie nicht das Sein an sich sind, von Gott geschaffen sind, a. 1.; dann aber sind sie auch zeitlich, weil sie sind postquam nihil fuerant, a. 2. (cf. qu. 46.?), und zwar wahrscheinlich gleichzeitig mit der Körperwelt erschaffen, a. 3.; und da sie die höchsten geistigen Wesen sind, kommt ihnen auch eine Art Verwandtschaft mit der höchsten körperlichen Natur, dem cælum empyreum zu, der deßhalb der Ort ihrer Wohnung ist, a. 4.

b. Uebernatürliche Ausstattung und Bewährung der Engel, qu. 62. — Bei all' dieser erhabenen Natur waren aber doch die Engel nicht von Anfang an selig in der Anschauung Gottes, sondern besaßen nur eine natürliche Glückseligkeit, bestehend in der vollkommensten Bethätigung des höchsten Vermögens in Bezug auf das höchste Object, b. i. Gott, a. 1. Selbst zur Hinbewegung auf jenes übernatürliche Ziel bedurften dagegen die Engel der Gnade, a. 2., und wurden wahrscheinlich schon in der heiligmachenden Gnade erschaffen, da diese gleichsam die ratio seminalis, der Keim zu jener Seligkeit ist, a. 3. Mit der Gnade mußten sie dann ihr Endziel verdienen, a. 4., und zwar vollzog sich die Erreichung desselben (wahrscheinlich) nach Einem Acte der Bewährung, da ihre Natur nicht per discursum die Vollkommenheit erlangt, sondern sogleich, a. 5., auch war die Gnade und Glorie, die sie erhielten, nach der gewöhnlichen Auffassung der Theologen proportional der Vollkommenheit ihrer natürlichen Ausstattung, so daß die höhern Engel auch hierin höher stehen, a. 6. Doch hört bei ihrer übernatürlichen Erkenntniß, der Anschauung Gottes, die natürliche Erkenntniß und Willensthätigkeit nicht auf, a. 7., wohl aber können sie nach ihrer Bewährung nicht mehr sündigen, a. 8., und auch keine wesentliche, sondern höchstens eine accidentelle Vermehrung ihrer Seligkeit erlangen, a. 9.

c. Schuld und Strafe der bösen Engel, qu. 63. und 64. — So lange aber die Creatur nicht in die Seligkeit eingegangen, kann sie noch sündigen und so auch die Engel, qu. 63. a. 1. Doch kann die Sünde der Engel als rein geistiger Wesen nur eine Sünde des Hochmuthes und Neides sein, a. 2. Und in dieser Art und Weise sündigte der Teufel, indem er sein wollte wie Gott, was aber offenbar nicht das Anstreben der Gottgleichheit bedeuten kann, sondern nur eine Gottähnlichkeit und Seligkeit in nicht rechter Ordnung, z. B. ohne demüthige Anerkennung der Nothwendigkeit der Gnade dazu, a. 3. Durch diesen Widerspruch gegen die rechte Ordnung nun kam das Böse, jene tiefgreifende Scheidung, die oben betrachtet wurde, qu. 48., in die Welt; nicht aber gibt es von Natur böse Geister, wie die Manichäer meinten, a. 4., sondern sie gingen aus der Hand Gottes gut und mit guter Willensrichtung hervor, a. 5.; wohl aber muß die Sünde, da der Engel in Einem Act sich entscheidet, bald nach der Schöpfung, wenigstens unmittelbar nach der Begnadigung, vorgekommen sein, a. 6., und zwar wahrscheinlich unter dem Vorgange des höchsten der Engel, a. 7., der dann den andern Ursache ihres Abfalles ward, a. 8., doch immerhin so, daß nur eine geringere Zahl abfiel und die größere sich bewährte, a. 9. — Auf die Sünde folgte sogleich die Strafe, qu. 64. Durch dieselbe verloren die bösen Engel alle übernatürliche Ausstattung, Seligkeit und Verbindung mit Gott, und das hatte sogleich auch seine Wirkung auf ihre natürliche Erkenntniß und Willen: sie verloren zwar dieselben nicht und so auch nicht alle Kenntniß der göttlichen Geheimnisse, wohl aber die Weisheit, a. 1., und ihr Wille ist gänzlich im Bösen verhärtet, a. 2. Dazu kommt dann die geistige Schmerzempfindung ob dem Zustand, in dem sie wider Willen sind, a. 3. Der eigentliche Ort dieser Strafe aber ist die Hölle, nebenher, bis zum Weltende, um wenigstens durch Prüfung der Guten noch einen Nutzen in der Schöpfung zu schaffen, auch das Luftreich, a. 4.

2. **Die Körperwelt**, qu. 65.—75.

Nach der Engelwelt kommt die Körperwelt zur Betrachtung. Sie ist die entferntest e Imitation Gottes, ein vestigium Dei, gleichsam der Fußstapfen der Gottheit, in der sich zersplittert disperse multipliciter und deficienter die Vollkommenheiten finden, die in höhern Wesen geeint, unite und eminenter sind (cf. passim.). Die Bibel spricht bezüglich ihrer nur relatione ad Deum, und zwar von einem creare distinguere und ornare, daher ist auch hier, anlehnend an die Schrift nur zu handeln: zuerst von der Erschaffung der Körperwelt, dann von dem Werk der Ausscheidung und endlich von dem Werke der Ausschmückung. (Vgl. Eltg. zu qu. 65.) Bei der Erklärung des Hexaëmerons aber läßt sich Thomas von dem Princip leiten: daß die Bibel zwar dem Augenscheine nach, secundum apparentiam, richtig aber populär und zu religiöser Belehrung erzähle.

1. **Die Erschaffung der Körperwelt**, qu. 65. — Vorab ist gegen den Manichäismus festzuhalten, daß auch die Körperwelt von Gott stammt, da auch das körperliche Sein im absoluten Sein seinen Grund haben muß, a. 1., und so auch die Schädlichen und scheinbar dysteleologischen Wesen, da diese, wenn sie nach einer Seite per accidens schädlich sein können, doch immer nach einer andern Seite ihren Zweck und Nutzen in der Natur haben, a. 2. Darum ist alles Körperliche zunächst zu seiner eigenen Vollendung, dann zum Besten des Ganzen und des Menschen, endlich aber zur Darstellung der göttlichen Güte und Herrlichkeit erschaffen, a. 2., und dies unmittelbar, nicht etwa durch einen Demiurgen oder englische Mittelwesen, da diesen das creare nicht zukommen kann, a. 3., weshalb auch nicht einmal die formae, die Gestaltungsprincipien der Naturdinge von einem solchen Mittelwesen (etwa dem intellectus agens, wie die Averroïsten meinen), sondern als formarum semina, die reale Abbilder der göttlichen Ideen sind und dann von den Naturbedingungen edueirt geweckt werden, unmittelbar von Gott stammen, a. 4.

2. **Das Werk der Scheidung**, qu. 66., 67.—70. — Betrachtet man dann die Schöpfung der Natur nach der Bibel näher, so vollzieht sich dieselbe in der Form eines Sechstage werkes (als religiöses Urbild der bürgerlichen Woche), wovon die ersten drei Tage eine Art Scheidung, die andern drei eine Ausschmückung des Ausgeschiedenen darstellen. — Bei dem Werke der Scheidung kann man zuerst den Gegenstand, das Substrat, der Ausscheidung betrachten, qu. 66. Es ist das eine Art ungeformte Materie, die offenbar der Bildung vorausgegangen sein muß, das Chaos, das aber doch nicht absolut gestaltlos im platonischen Sinne gewesen sein kann, a. 1. Dabei nimmt dann Thomas, weil noch nicht unterrichtet durch die

— 31 —

Resultate der modernen Spectralanalyse, nicht für alle Naturkörper die gleiche Materie an, sondern für die „incorruptiblen" Gestirne eine incorruptible, a. 2., für den sog. Lichthimmel, der für die Verklärten der entsprechende Ort noch über den Fixsternen wäre, über den er sich aber vorsichtig ausdrückt, eine ätherischere, a. 3. Mit dieser Körperwelt tritt dann auch die Zeit als das „Maß der Bewegung" ein, die deshalb ein concreatum genannt wird, a. 4. — Nach dieser Vorerörterung über den Gegenstand oder das Substrat der Scheidung und nähern Differenzirung, wird nun die Scheidung im Einzelnen betrachtet. Sie besteht in der Aufhebung der informitas, der Formlosigkeit. Diese ist aber eine dreifache, eine Ungeschiedenheit von Licht und Finsterniß, von Luft und tropfbar Flüssigem und vom Festen, und der Ausscheidung dessen entsprechen nun die drei Tage:

a. Die Scheidung von Licht und Finsterniß, oder der erste Tag, qu. 67. — Diese Scheidung hat ihr Vorbild in der Scheidung der bösen und guten Engel, weßhalb jene Schriftstelle auch, aber doch nur secundär, in diesem geistigen Sinne verstanden werden kann, a. 1. Hier ist das Licht als etwas Körperliches, a. 2., oder noch genauer nicht so fast als eine Substanz, denn vielmehr als eine Qualität eine Activität, qualitas activa, an der Substanz des leuchtenden Körpers, z. B. der Sonne, zu fassen, a. 3., und muß offenbar diese Ausscheidung von Moses, der für's Volk und darum populär schreibt (!), zuerst erwähnt werden, da die erste Ordnung in das Chaos durch die Aufklärung kommen mußte, a. 4.

b. Die Scheidung von Luft- und Wasserreich, oder der zweite Tag, qu. 68. — Dann folgt die Scheidung der Wasser auf und über der Erde und die Wölbung des Firmamentes, a 1. Das Wasser über der Erde wird wohl am richtigsten als das sublunarische Luftreich gefaßt, a. 2., während das Firmament entweder der Sternenhimmel oder der Luftraum, spatium, sein kann, a. 3., welch' ersterer eine in die verschiedenen Sphären gegliederte Einheit bildet, a. 4.

c. Die Scheidung von Wasser und Festland, oder der dritte Tag, qu. 69. — Endlich muß nun noch, damit die Erde zu einem passenden Wohnplatz des Menschen zubereitet werde, das Festland vom Wasser ausgeschieden und damit die informitas aquae aufgehoben, a. 1., das Ganze aber mit dem Pflanzenwuchs bekleidet werden, damit auch die Unförmlichkeit der Oede weiche, a. 2.

3. **Das Werk der Ausschmückung, qu. 70.—73.** — Die so ausgeschiedenen Theile der Erde sind nun, damit sie nicht nur die Weisheit, sondern auch die Güte und Liebe Gottes gegen den Menschen darstellen, auszuschmücken. Und zwar geschieht das wieder in drei Tagen, dem 4., 5. und 6., wovon am vierten das zuerst ausgeschiedene Lichtreich, am fünften das Luft- und Wasserreich und am sechsten das Festland geschmückt wird, cf. qu. 70. a. 1.

a. Die Ausschmückung des Lichtreiches oder Himmels am vierten Tage, qu. 70. — Die Ausschmückung des Himmels geschieht durch die Gestirne und es muß die erste Schmückung auch der ersten Scheidung entsprechen, weßhalb sie erst hier erwähnt wird, a. 1. Passend hebt dann Moses deren Nutzen für die Menschen hervor: daß sie ihm seien zur Leuchte, Zeitmessern und Wetterzeichen für die Geschäfte, während er vorsichtig Alles vermeidet, was den Juden irgend ein Anlaß zur Astrolatrie, der ältesten Form des Heidenthums, hätte werden können, a. 2., und deshalb lehrt auch Thomas, daß die Gestirne nicht etwa von Geistern beseelt seien, währenddem sie allerdings nach aristotelisch-scholastischer Ansicht von solchen bewohnt und bewegt wären a. 3.

b. Die Ausschmückung des Luft- und Wasserreiches am fünften Tag, qu. 71. — Das Luftreich wird geschmückt durch die Hervorbringung der Vögel, das Wasserreich durch die Fische, und passend erwähnt dies Moses an zweiter Stelle, damit dem zweiten Tag der Scheidung der zweite des Schmuckes entspreche.

c. **Die Ausschmückung des Festlandes am sechsten Tag**, qu. 72. — Das Festland endlich wird geschmückt durch die Landthiere, so daß dem dritten Tag der Ausscheidung der dritte der Ausschmückung entspricht.

Das ganze Schöpfungswerk dann wird abgeschlossen durch den **siebenten Tag**, den Schöpfungssabbath, qu. 73. Wenn es von diesem heißt, daß an demselben „Gott sein Werk vollendet", so ist diese Vollendung selbstverständlich nur die perfectio prima constitutiva, während die Dinge sich jetzt erst zur perfectio secunda oder finalis entwickeln sollen, a. 1., in diesem Sinn auch nur ist das „Ruhen" Gottes zu verstehen, a. 2.; währenddem er durch seine benedictio die Dinge fortwährend in ihrem Sein erhält durch die Fortpflanzung und sie regiert, a. 3. — So wird in passender Weise die Erschaffung der Körperwelt in der Form eines Sechstagewerkes geschildert, qu. 74. a. 1., wo aber die Tage nicht als gewöhnliche genommen werden müssen, vielmehr sogar mit Augustinus als eine bloß logisch=ideale Auseinanderfolge gefaßt werden dürften, während die ganze Schöpfung, wenigstens seminaliter, sich auch in Einem Tag, in Einem Momente hätte vollziehen können, a. 2. Zugleich kann in den Worten in principio und in dem „Schweben des Geistes" über den Wassern" auch eine Andeutung der Trinität in dem Werk der Schöpfung erblickt werden, a. 3.

3. Der Mensch, qu. 75.—103.

Nach der Betrachtung der geistigen und körperlichen Creatur erübrigt noch die Betrachtung des Menschen, der aus Körper und Geist zusammengesetzt ist (und unite und eminenter die Vollkommenheiten in sich befaßt, die in der Natur zersplittert, disperse, sind; passim). Es kann zuerst sein Wesen, dann seine Erschaffung untersucht werden.

1. **Das Wesen des Menschen**, qu. 75.—90. — Von dem Wesen des Menschen hat die Theologie mehr nur die geistige Seite, die körperliche dagegen nur in ihrer Beziehung zur Seele in Betracht zu ziehen. Und so dreht sich die Untersuchung vorzüglich um die Seele. Und weil an den geistigen Substanzen dreierlei zu unterscheiden ist: die Wesenheit, die Vermögen und die Bethätigung, so zerfällt auch diese Abhandlung in die drei Theile. (Vgl. Einl. zu qu. 75.)

a. **Das Wesen der Seele**, qu. 75.—77. — Bei der Untersuchung des Wesens der Seele selbst wieder, kann dasselbe zunächst an und für sich, dann deren Verbindung mit dem Leibe betrachtet werden.

α. **Die Substanz der Seele**, qu. 75. — Vorab ist klar, daß die Seele (überhaupt jede, auch die des Thieres) nicht identisch mit dem Körper ist, denn sie ist das Lebensprincip desselben, primum principium vitæ in his quæ apud nos vivunt, der Körper aber ist noch nicht als Körper auch schon lebend, sondern daß er so und so organisirt ist, quod est tale corpus, verdankt er einem Princip, das ihn verwirklichte und sein Lebensprincip actus ist, und so ist die Seele nicht der Körper, sondern dessen actus (oder forma) oder Lebensprincip, a. 1. Darum ist auch die Menschenseele nicht identisch mit dem Leib, sondern dessen actus, aber nun nicht abhängig in seinem Bestand vom Körper wie die Thierseele, inhærens corpori, sondern subsistent, so daß sie auch für sich ohne den Körper bestehen kann; es erhellt dies besonders aus ihrer Thätigkeit, dem abstracten Denken. Dieses kann sich nämlich nur ohne Körper vollziehen, denn es besteht in der Abstraction vom Sinnlichen, Concreten, eo modo autem aliquid est quo operatur; vollzieht sich das Denken ohne körperliche Organe, so kann auch die Seele ohne Körper subsistiren, a. 2. Während die Thierseele, da ihr Erkennen nur eine concrete Vorstellungs= nicht Abstractionsthätigkeit ist, auch nur am Concreten, Körperlichen haftet und so nicht subsistent ist, a 3. -- Kann so die Seele ohne Körper bestehen, so ist sie aber doch nicht (wie Platon und Bernhard meinten) der ganze Mensch oder das Wesen des Menschen, sondern dieser ist wesentlich ein compositum von Seele und Leib, von Materie und Form, a. 4., welch letztere die Seele ist, weshalb diese selbst nicht wieder aus Materie und Form zusammengesetzt gedacht werden darf, a. 5. - Weil sie aber so nicht zusammengesetzt ist, so kann sie auch nicht corrumpiren wie die Thierseele, sie ist unsterblich, was sich auch noch aus andern Gründen, wie aus der natürlichen Sehnsucht nach Unsterblichkeit, ergibt, a. 6. Obwohl aber so die Seele für sich bestehen und fortexistiren kann, ist sie doch nicht wie Origenes und die Platoniker annahmen, mit den rein geistigen Substanzen gleichwesentlich, nur als Motor (zur Strafe für eine Sünde) in den Körper verbannt, sondern sie ist von Natur anders als die Engel organisirt und bestimmt, Form oder Lebensprincip des Körpers zu sein, a. 7., woraus die Verbindung beider resultirt.

2. Die Verbindung von Leib und Seele, qu. 76. — Daß nun die intellective Seele wirklich forma oder Lebensprincip des Körpers ist, mit ihm zu einer Einheit, wie sie Form und Materie zusammen bilden, verbunden, erhellt besonders aus der Einheit des Selbstbewußtseins, wonach dieselbe Seele erkennt, fühlt, empfindet ꝛc., a. 1. Darum gibt es auch nicht nur eine einzige intellective Menschheitsseele, die in jeden einzelnen Menschen nur hineinschiene, während das körperliche Leben nur durch eine vegetative Seele besorgt würde, wie die Averroisten, Aristoteles mißdeutend, lehren; sondern weil eine intellective, selbstbewußte Seele forma corporis ist, so gibt es so viele intellective Seelen als belebte menschliche Körper, a. 2. Und es sind auch nicht so viele geistige Seelen, aber dann doch zwischen das intellective Princip und den Körper noch eine anima vegetativa eingeschoben, die den Körper belebte, was die Ansicht der Trichotomisten ist; sondern weil der Mensch ein einheitliches physisches Ganzes bildet, so ist in ihm auch nur Eine forma, und diese eben die anima rationalis, andernfalls wäre diese höchstens motor corporis und im Menschen nur wohnend, nicht mit ihm eine Einheit bildend, a. 3. Und so ist denn die anima intellectiva die einzige Wesensform, forma substantialis, welche im Körper darum auch das vegetative Leben vermittelt, a. 4. — Der Leib selbst aber ist durch seine richtig ausgeglichene Sinnenthätigkeit ein passendes Werkzeug der Seele insbesondere zur Vermittlung der Vorstellungsbilder an das Denken, a. 5.; hat aber seine ganze Bestimmtheit von der Seele, ohne weitere Disposition für die Verbindung mit ihr, a. 6., auch nicht etwa durch das Bindeglied eines noch feinern ätherischen Leibes, eben weil die Seele forma corporis und nicht nur motor ist, a. 7. Als solche ist sie dann auch mit ihrer Substanz ganz im ganzen Leib, nicht aber überall mit ihren Potenzen oder Seelenvermögen.

b. Die Seelenvermögen, qu. 77.–84. — Solche Seelenvermögen muß man nämlich nothwendig von der Wesenheit der Seele unterscheiden; nur in Gott fallen Wesen und Vermögen zusammen, qu. 77. a. 1. Auch müssen mehrere solcher Potenzen in der Seele liegen, a. 2. Der Eintheilungsgrund für dieselben aber ist die specifische Verschiedenheit der Thätigkeit und ihres Objectes, a. 3., auch besteht eine gewisse Ueber- und Unterordnung für die Potenzen, z. B. das Sensitive für das Intellective ꝛc., a. 4.; alle aber wurzeln in dem Wesen der Seele, a. 5., fließen gleichsam aus demselben, a. 6., und auch wieder in gewissem Sinne eine aus der andern, a. 7. wovon aber einige so sehr am Körper haften, daß sie mit demselben zu Grunde gehen, a. 8. — Nach diesen allgemeinen Vorerörterungen über die Seelenvermögen können nun dieselben im Besondern betrachtet werden, und zwar zunächst ihre Eintheilung insgesammt und dann vorzüglich die für die Theologie besonders wichtigen: Erkenntniß und Willen.

α. **Eintheilung der Seelenvermögen**, qu. 78. — Nach dem oben angegebenen Theilungsprincip müssen mit Aristoteles fünf Seelenvermögen unterschieden werden: das vegetativum, sensitivum, motivum, Bewegungsvermögen, appetitivum, Begehrungsvermögen, und das intellectivum, a. 1. An dem vegetativum kann man dann selbst wieder drei Theile unterscheiden: das nutritivum, augmentativum und generativum, a. 2. Das sensitivum zerfällt in die fünf Sinne, a. 3., denen vier innere Sinne, die ihre Einwirkung aufnehmen, entsprechen: der sensus communis, Gemeinsinn, die imaginatio, Vorstellung, die vis aestimativa und memorativa sinnliches Beurtheilungs- und Erinnerungsvermögen, a. 4. Durch diese wird nun dem Erkenntnißvermögen das Material zugeführt.

β. **Das Erkenntnißvermögen**, qu. 79. — Das Erkenntnißvermögen ist nicht identisch mit der Wesenheit der Seele, sondern als ein eigenes Vermögen von ihr zu unterscheiden, a. 1., das eine doppelte Seite, eine active und passive hat: letztere, insofern dasselbe durch die Aufnahme der Begriffe gleichsam allbildsam ist, Alles werden kann, weshalb intellectus possibilis genannt, a. 2.; erstere, indem sie als sogenannter intellectus agens die Abstractionsthätigkeit an den Erkenntnißobjecten vernimmt, a. 3. Dieser intellectus agens beleuchtet gleichsam die Vorstellungsbilder, die phantasmata, um an ihnen das Intelligible, Begriffliche zu erkennen und ist so eine Art Nachbild des göttlichen Erkenntnißlichtes (eine tiefere Ausstrahlung desselben als bei den Engeln, vgl. oben qu. 54. a. 1.), a. 4.; er ist aber nicht, wie die Averroisten meinen, etwas außer dem Einzelmenschen, das dann in Jeden hineinschiene und so nur Einer wäre, sondern weil er in der Seelensubstanz wurzelt, gibt es so viele intellectus agentes als Seelen, a. 5. — Eine weitere Seite des Erkenntnißvermögens ist das Gedächtniß, das, insofern es im Aufbewahren der Begriffe oder species intelligibiles besteht, wirklich im intellectiven Theil des Menschen wurzelt, während das bloße Aufbewahren und Reproduciren der sinnlichen Vorstellungsbilder mehr nur dem sinnlichen Theil zukommt, a. 6., auch kann das intellective oder Verstandesgedächtniß nicht als ein eigenes Vermögen vom Erkenntnißvermögen unterschieden werden, a. 7. — Ebenso nicht der Verstand: dieser ist eben die schließende Thätigkeit des Intellectes, a. 8., wie auch zwischen Verstand und Vernunft, ratio superior, nicht ein wesentlicher Unterschied besteht; ersterer ist nur die Thätigkeit des Intellectes in Bezug auf's Irdische, letzterer auf's Ueberirdische, an} das er vom Irdischen schließt und daher wesentlich dasselbe Vermögen, a. 9. (c. Psendomystik). Aehnlich verhält es sich mit Intelligenz und Intellect; ersterer bedeutet mehr den Act der Erkenntniß, letzterer das Vermögen, a. 10, wie auch der sogenannte intellectus speculativus und practicus nicht verschiedene Vermögen sind, sondern dasselbe, je nachdem es auf etwas Practisches oder nur Theoretisches gerichtet ist, a. 11. — Für das practische, resp. moralische Handeln wurzeln die obersten Principien in der sogenannten Synderesis, ähnlich wie die obersten logischen Principien in dem intellectus principiorum, beide aber wurzeln offenbar im Intellect und sind daher nicht eigene Vermögen, a. 12.; wie auch nicht das Gewissen, das nur die Anwendung jener obersten moralischen Principien auf den einzelnen Fall durch testificare, ligare vel instigare und remordere und so auch wieder eine Erkenntnißthätigkeit ist, a. 13.

γ. **Das Begehrungsvermögen**, qu. 80.—84. — Ein anderes wichtiges Vermögen ist das Begehrungsvermögen: es besteht dasselbe in dem natürlichen Streben, inclinatio, nach dem Erkannten, und muß, als dem Intellect nachfolgend, als ein eigenes Vermögen von ihm unterschieden werden, qu. 80, a. 1.; es ist aber an demselben eine doppelte Seite zu unterscheiden, ein appetitus sensitivus und intellectivus, das sinnliche und geistige Strebevermögen, die nicht im gleichen Vermögen wurzeln, a. 2. — α) Das **sinnliche Begehrungsvermögen**, die sensualitas, qu. 81., entspricht als blinder Trieb der sinnlichen Erkenntniß,

a. 1., und bethätigt sich in doppelter Weise: als Concupiscibilität, Begehren oder Abstoßen eines Entsprechenden oder Nichtentsprechenden und als Jrascibilität, Ankämpfen gegen Hindernisse cujus objectum est bonum arduum, a. 2. Sind dies an und für sich blinde Triebe, so können und sollen sie doch unter der Herrschaft der Vernunft stehen, a. 3. — *b)* Ueber dem sinnlichen steht das **geistige Begehrungsvermögen, der Wille**, qu. 82. Ihm ist es natürlich und nothwendig, nach der Glückseligkeit zu streben, a. 1., da aber die particularia bona, die endlichen Güter, nicht einen nothwendigen Zusammenhang mit der Glückseligkeit haben, so muß er diese nicht mit Nothwendigkeit wollen, nur Gott, das höchste Gut, aber auch dieses erst, wenn er es schaute, a. 2. Weil so der Wille immer von der Erkenntniß abhängig ist, so ist er an und für sich die tiefer stehende Potenz als letztere, a. 3., doch insofern der Wille auf das Ziel geht und Alles diesem dienstbar macht, kann er auch den Intellect bewegen und sich unterordnen, a. 4. — Aus der Geistigkeit des Willens folgt nun nothwendig *c)* die **Willensfreiheit**, qu. 83. Denn während das Thier zwar mit einer Art Urtheil, aber nur mit einem instinctiven auf das Einzelne beschränkten handelt, so kann der Mensch, vermöge seiner Vernunft, die verschiedenen Güter miteinander vergleichen und sich dann frei dem einen oder andern zuwenden; sein judicium ist ex quadam collatione rationis, non ex instinctu naturali in particulari operabili; ideo agit libero judicio, potens in diversa ferri, a. 1. Auch diese Willensfreiheit ist eine Potenz, a. 2., die im appetitiven Theil des Menschen wurzelt, zu dem dann die electio hinzukommt, a. 3., und sich zum voluntas verhält wie die ratio zum intellectus, a. 4.

c. **Die Bethätigung der Seelenvermögen speciell die Erkenntnißthätigkeit oder der Erkenntnißproceß**, qu. 84.–90. — Nach der Untersuchung über *die* Seelenvermögen ist nun deren Bethätigung zu betrachten; den Theologen kann aber vorzüglich nur Erkenntniß- und Willensthätigkeit interessiren, deshalb hier nur von diesen; und weil die Willensthätigkeit speciell in der Moral zur Betrachtung kommt, hier nur von der Erkenntnißthätigkeit. — An dieser ist besonders deren irdische Bethätigung und zwar nach der Verschiedenheit ihres Objectes: die Erkenntniß der Dinge, die unter dem Menschen stehen, d. i. des Materiellen; die Selbsterkenntniß und die Erkenntniß der Dinge, die über dem Menschen stehen, zu untersuchen, worauf auch noch die Erkenntniß der abgeschiedenen Seele in Betracht kommen mag. *a.* **Die Erkenntniß des Materiellen**, qu. 84.—87. — Bei der Erkenntniß des Materiellen fragt es sich zunächst, um das Mittel der Erkenntniß, dann um den Proceß und endlich um das Object der Erkenntniß. — *a)* das **Mittel der Erkenntniß**, qu. 84., des Körperlichen, ist der Intellect, und nicht etwa nur der Sinn, der sich mit den Dingen immer ändert, weshalb bei diesem beständigen Fluß der Dinge, wie die Sophisten meinten, keine sichere und bleibende Erkenntniß erzeugt werden könnte, während das bei der intellectiven Erkenntniß der Fall ist, a. 1. Dagegen erkennt die Seele diese Dinge nicht durch ihre Wesenheit, wie Gott, a. 2., auch nicht durch angeborne Ideen, a. 3., oder durch Anschauung resp. Wiedererinnern an die Ideen der Dinge, wie Platon meinte, a. 4., oder gar durch Schauen der Ideen in Gott, a. 5. (c. Ontologiom), sondern unsere Erkenntniß geht immer vom Sinnlichen aus, a. 6., und ist von den phantasmata, den Vorstellungsbildern, abhängig, a. 7., wodurch allerdings eine theilweise Unvollkommenheit unseres Denkens entsteht, a. 8. Dagegen knüpft nun das Denken an diese Phantasmata seine Thätigkeit und das führt zur Betrachtung des *b)* **Denkprocesses**, qu. 85. Weil die Seele die forma corporis, so hebt sie nämlich am Körperlichen in ihrem Denken auch das Formale, Wesentliche heraus und abstrahirt vom Concreten und den Phantasmata, sie vollzieht an denselben ihre abstrahirende

Thätigkeit, die Abstraction, a. 1., dadurch entsteht nun im Geiste der Begriff, die species intelligibilis, und durch diesen erkennt er nun das Wesen der Dinge, a. 2. e) Object der Erkenntniß, qu. 86., ist also zunächst das Universale oder Begriffliche; weil aber diese species intelligibilis immer an die Phantasmata (species sensibilis) gebunden ist, so erkennt er damit indirect auch das Concrete und Einzelne, a. 1. 2c.

β. Die Selbsterkenntniß des Menschen, qu. 87. Sich selbst erkennt die Seele wiederum nicht durch ihre Wesenheit, wie etwa der Engel, sondern auch hier wieder nach Weise der menschlichen Erkenntniß durch Abstraction resp. durch Schließen vom an sich Wahrgenommenen (percipere) und da kann denn, nicht zwar in Erkenntniß seiner Zustände, wohl aber in dem Schließen von denselben auf die Natur der Seele ein Irrthum eintreten und daher die Möglichkeit von Materialisten, a. 1. 2c.

γ. Die Erkenntniß des Uebersinnlichen, qu. 88. — Auch bei der Erkenntniß des Uebersinnlichen ist wieder der Grundsatz festzuhalten, daß alle menschliche Erkenntniß vom Sinnlichen ausgeht, deshalb erkennt der Mensch (hienieden) nicht unmittelbar Uebersinnliches, sondern nur schlußweise und durch Abstraction, a. 1. Weil er sich aber bei letzterer nie gänzlich aller Phantasmata entschlagen kann, so vermag er sich nicht einen adäquaten Begriff vom Reingeistigen zu machen, a. 2., darum ist auch Gott, als das Allerimmateriellste, nicht etwa das Ersterkannte vom Menschen, sondern er muß schlußweise vom Materiellen zu dessen Erkenntniß aufsteigen, a. 3.

Abschließend kann nun auch noch betrachtet werden, wie es sich wohl mit der Erkenntniß der abgeschiedenen Seele, anima separata, verhalte, qu. 89. Da nämlich dieselbe nicht mehr mit dem die Sinnenbilder vermittelnden Körper verbunden ist, so muß offenbar ihre Erkenntniß eine andere sein als hienieden; und da ist klar, daß sie nicht mehr durch Hinwenden zu den Phantasmata erkennt, da ihr die Sinne fehlen, sondern in Kraft Einfluß des göttlichen Lichtes, durch einfaches Hinwenden auf die Begriffe und das Geistige schlechthin, per conversionem ad ea quæ sunt intelligibilia simpliciter, a. 1. Darum kann die abgeschiedene Seele sich selbst unmittelbar und somit wesensgleiche, d. i. auch abgeschiedene Geister, ebenfalls unmittelbar und äqual erkennen, höhere aber, d. i. die Engel, nur unvollkommen und analog, a. 2. Das Natürliche erkennt die abgeschiedene Seele theilweise durch einen den Engeln analogen Einfluß des göttlichen Lichtes, theils insofern noch Anhaltspunkte, Erinnerungen, Beziehungen vom Irdischen her in ihr fortbestehen, a. 4., denn die habitus acquisiti hienieden erlangter Wissenschaften bleiben begrifflich in der Seele, a. 5., die sie darum auch in ihrer Weise auf die früher erlangten Erkenntnisse wieder actuell anwenden kann, a. 6. Dagegen, sofern die Erkenntniß des Gegenwärtigen von der Aufnahme neuer Sinnenbilder abhinge, weiß sie nichts davon, wohl aber schauen es die Seligen in Gott, a. 8.

2. Die Erschaffung des Menschen, qu. 90.—103. Nachdem im Bisherigen das Wesen des Menschen bestimmt ist, so kann nun dessen Erschaffung betrachtet werden und da ist viererlei zu untersuchen: die wirkliche Erschaffung, das Resultat derselben: die Gottebenbildlichkeit, der Urstand und das Paradies. (Vgl. Ellg. zu qu. 90.)

a. Die Erschaffung an sich, qu. 90.—93. — Hier kommt zunächst in Betracht die Erschaffung der Seele, dann die des Leibes und endlich die des Weibes.

α. Die Erschaffung der Seele, qu. 90. — Bezüglich der Seele muß vor Allem gegen den Pantheismus festgehalten werden, daß sie nicht ein Ausfluß der göttlichen Substanz oder göttlichen Feuers oder einer göttlichen Weltseele ist, was sich schon aus der Potenzialität gerade ihrer Erkenntniß ergibt, während Gott actus purus ist, a. 1. Darum kann sie als subsistente forma nur durch Erschaffung aus Nichts sein, a. 2., und da sie für den Körper da ist, wurde sie auch, nicht wie der Präexistenzianismus glaubt, vor dem Körper erschaffen, a. 4.

β. Die Erschaffung des Leibes, qu. 91. — Der Leib des Menschen ist aus dem limus terrae gebildet, der als Inbegriff der irdischen Elemente erscheint, damit so jene in Gott in höchster Einheit existirende Inhaltsfülle, die dann in den Engeln schon theilweise gebrochen in ihrer das Universum umfassenden Fülle der Ideen sich wiederspiegelt, sich noch unvollkommener wiederfinde im Menschen, der aus Geist und Leib und dieser wieder aus dem Inbegriff der Elemente besteht, a. 1. Die Bildung selbst mußte unmittelbar durch Gott geschehen, da vor der Existenz der Menschenseele keine andere forma ihn zur specifischen Aehnlichkeit des Menschen bilden konnte, a. 2. (contra Darwin). Und zwar ist die Bildung des Leibes als dem göttlichen Künstler entsprechend, eine überaus passende, um ein Organ, Werkzeug der Seele zu sein (wenn auch aus der Materialität und nöthigen Complexion des Körpers nothwendig gewisse Unvollkommenheiten folgen mußten), a. 3.

γ. Die Bildung des Weibes, qu. 92. — Auch die Scheidung der Geschlechter ist eine ursprüngliche, weil dies die höchste Art der Erhaltung der Gattung, nämlich durch Generation, forderte, a. 1. Passend aber wird das Weib vom Manne (und nicht auch wieder ex limo terrae) gebildet, damit so der Mann das einheitliche Princip für die Menschheit sei, wie Gott für das ganze Universum, a. 2., wie denn auch die Bildung ex costa viri am passendsten erscheint zur Symbolisirung der richtigen Stellung des Weibes zum Manne, a. 3.

b. Die Gottebenbildlichkeit des Menschen, qu. 93. — Das Resultat, der terminus oder finis dieser Bildung des Menschen durch Gott ist seine Gottebenbildlichkeit, welche die Schrift hervorhebt mit den Worten: faciamus hominem ad imaginem et similitudinem nostram. Nun ist klar, daß, weil Gott das Urbild des Menschen, dieser unvollkommenes Abbild Gottes ist, a. 1., und zwar vorzüglich durch seine Geistigkeit, die den Naturwesen nicht zukommt, weshalb man bei ihnen nicht von einem Abbild, wozu eine Art specifischer Aehnlichkeit gehört, sondern nur von einem vestigium, spricht, a. 2. Insofern so die Abbildlichkeit in der Geistigkeit besteht, besitzt aber immerhin der Engel noch eine größere Aehnlichkeit mit Gott als der Mensch, weil er ein höherer Geist ist. Dagegen finden sich im Menschen hinwiederum Seiten, wie die Generation und die Belebung und Durchwohnung des Leibes durch die Seele, welche Analogien zu Gott, der trinitar. Zeugung und seiner Allwirtksamkeit im Universum bieten, die der Engel nicht hat; doch sind das nicht Abbilder, sondern nur Aehnlichkeiten, a. 3. Da nun die Gottabbildlichkeit speciell in der Geistigkeit, im Denken und Wollen besteht, so besitzt jeder Mensch wesentlich ein Abbild Gottes, doch mehr derjenige, der diese Acte im Gnadenstand in der Gotteserkenntniß und Liebe bethätigt und noch mehr die Seligen in der Anschauung Gottes, a. 4. — Uebrigens ist der Mensch nicht nur Abbild der Natur Gottes, sondern auch der Trinität, a. 5., aber beides vorzüglich nur seinem Geiste nach, durch das Denken, besonders den Gottesgedanken, den Selbsterkenntnißproceß und die Liebe, während sein Leib mehr nur ein vestigium Dei, wie die Natur ist, a. 6.

c. Der Urstand des Menschen, qu. 94.—102. — Nachdem so die Erschaffung des Menschen zum Bilde Gottes betrachtet, ist noch dessen ursprünglicher Zustand näher zu untersuchen und zwar nach seiner geistigen und leiblichen Seite. Thomas geht dabei vom Grundsatz aus, daß derselbe in allem nach dem jetzigen Zustand zu fassen ist, außer worüber die Bibel anders berichtet (passim).

α. Die urständliche Ausstattung der Seele, qu. 94.—97. — Nun ist klar, daß nach der Darstellung der hl. Schrift sich die Menschen in einem höhern und bessern Zustand befanden, als jetzt: und das vorab der Seele nach, in Erkenntniß und Willen. α. Die

Erkenntniß des ersten Menschen, qu. 94. — Immerhin ist aber gewiß, daß der erste Mensch noch nicht die Anschauung Gottes genoß, denn sonst hätte er nicht mehr sündigen können; dagegen hatte er doch eine vollkommenere Gotteserkenntniß als wir jetzt, die gleichsam in der Mitte stand zwischen der Anschauung Gottes und der jetzigen Erkenntniß, und das wegen einer höhern Gnadenerleuchtung und seiner ungetrübten Geistigkeit, a. 1. Doch da auch damals der Mensch nur vermittels der Phantasmata oder Sinnenbilder erkannte, so konnte er doch nicht unmittelbar den Geist schauen, somit auch nicht die Engel, a. 2. Doch mußte er als Erzieher der Menschheit, nach dem Grundsatz actus ante potentiam, die actuelle Kenntniß all' jener natürlichen Dinge haben, wozu die Menschheit erzogen werden sollte; auch aller übernatürlichen Wahrheiten, die nothwendig gewußt werden mußten, um den Menschen zu seinem übernatürlichen Ziele zu leiten, a. 3. So war der Intellect des ersten Menschen rein und unverdorben und darum auch nicht durch die Phantasie oder anderswie zu täuschen, a. 4. — *b.* Der Wille des ersten Menschen, qu. 95.—97. — Weil dann im Urmenschen die vollständigste Harmonie zwischen Geist und Körper bestand, was nicht bloß natürlich sein konnte, so ist wohl schon bei der Schöpfung und nicht erst nachträglich, wie einige meinen, sein Wille mit der Gnade ausgestattet gewesen, a. 1.; darum waren in demselben auch nur die guten Triebe oder passiones, a. 2., und hatte er wenigstens habituell alle Tugenden, a. 3. Deshalb hatten auch seine Werke, als in der Gnade gewirkt, einen übernatürlichen Werth und waren mit Rücksicht auf die größere Grade verdienstlicher als die unsrigen, dagegen nicht mit Rücksicht auf die größere Anstrengung, a. 4. — Die Wirkung des Willens nach Außen wird zur Macht, qu. 96. Und so übte denn auch der Urmensch wegen seinem reinen Willen eine höhere Macht aus als jetzt, und zwar über die Natur analog der Herrschaft über seinen Leib: also zunächst vollständige Macht über die Thiere, weil das Niedere zum Gebrauch des Höhern da ist; es wären aber deswegen nicht etwa keine wilden Thiere gewesen, allein der Mensch hätte sie beherrscht wie z. B. die Hausthiere, a. 1.; das Pflanzenreich war zu seinem ungehemmten Gebrauch da; doch ist das biblische Wort praesit omni creaturae nicht so zu verstehen, als hätte er auch über die Engel geherrscht, a. 2., wohl aber wäre auch im Urstand eine Ungleichheit der Menschen nach Geschlecht, Alter und Begabung gewesen, a. 3., und hätten deswegen und weil die sociale Gliederung das fordert, die einen eine Herrschaft über die andern ausgeübt, aber nicht nach Weise der Sklaverei, sondern ad bonum commune, zum Wohle des Ganzen, a. 4.

β. Die urständliche Ausstattung des Leibes, qu. 97.—102. — Aber auch der leiblichen Seite nach waren die Urmenschen höher ausgestaltet und zwar individuell und der Gattung nach. *a)* Die ursprüngliche Erhaltung des Individuums, qu. 97. — Die Erhaltung des Individuums war im Urstand eine vollkommenere als jetzt, insofern nach der Bibel der Mensch auch leiblich unsterblich war. Diese körperliche Unsterblichkeit hatte aber nicht etwa in einer andern Constitution des Körpers ihren Grund, „sondern es wohnte der Seele eine übernatürliche Kraft inne, den Körper sich unauflöslich verbunden zu halten, so lange sie mit Gott verbunden war", a. 1. Aehnlich wie mit der Immortalität verhielt es sich mit der Impassibilität: es konnte der Mensch, ohne eine andere, leidensunfähige Natur zu haben, sich vom Leiden bewahren, a. 2. Weil aber so die Natur des Urmenschen an und für sich nicht eine andere war, so mußte er zu seiner Erhaltung auch Speise genießen (nach der Meinung des hl. Thomas nur Vegetabilien), a. 3. Die körperliche Unsterblichkeit aber vermittelte ihm der Genuß vom Lebensbaum, a. 4. — *b)* Die ursprüngliche Erhaltung der Gattung, qu. 98.—102. Da die Erhaltung der Gattung das Bleibende und Ewige ist in den corruptiblen Wesen, so mußte die corruptible Seite des Menschen durch Generation forterhalten werden und ist deßhalb dieselbe nicht eine Folge der Sünde, sondern sie und der Unterschied der Geschlechter etwas ursprünglich Gottgewolltes, qu. 98. Die Kinder aber hätten auch im nicht gefallenen Zustand die gleiche körperliche Entwicklung durchmachen müssen wie jetzt, qu. 99. — Was aber die urständliche Gerechtigkeit anbetrifft, so wäre, wie jetzt die Erbsünde, so wenn diese nicht eingetreten wäre, die Erbgerechtigkeit von den Eltern auf die Kinder vererbt worden, qu. 100. a. 1. Doch hätten dieselben persönlich ihre Gerechtigkeit auch wieder verlieren können, a. 2. In ihrer geistigen Entwicklung hätten sie in ähnlicher Weise sich nach und nach zum Vernunftsgebrauch entwickeln und ausbilden müssen wie wir, qu. 101. a. 1. und 2.

d. Das Paradies, qu. 102. — Für einen also in höherer Weise ausgestatteten Urmenschen gebührte auch ein vollkommener ausgestatteter Ort der Wohnung: es war dies das Paradies. Bei aller mystischen Auslegung muß dasselbe doch als ein wirklicher körperlicher Ort auf dieser Erde, wahrscheinlich im Orient gelegen, aufgefaßt werden, a. 1. Und zwar war es durch ein mildes Klima ꝛc. so eingerichtet, daß es zur Incorruptibilität und Impassibilität des ersten Menschen behilflich war, a. 2. Der Mensch aber war darein gesetzt, um dasselbe in müheloser Arbeit zu bebauen und bewahren, a. 3., und weil es der Ort für den übernatürlich ausgestatteten Zustand des Menschen war, so wurde er außer demselben erschaffen, dann in dasselbe versetzt, um einstens, wenn er nicht gefallen wäre, nach erlangter Vollendung in den Himmel entrückt zu werden, a. 4.

B. Die göttliche Weltregierung, qu. 103.—119.

Nachdem im Bisherigen die Gliederung der Schöpfung betrachtet wurde, erübrigt nun noch zu untersuchen, wie Gott dieselbe erhaltet und regiert. Und zwar fragt sich hier zunächst zur Einleitung, ob eine solche Weltregierung bestehe, qu. 103. Nun ist (c. Casualism) festzuhalten, daß eine Weltregierung da sein muß: es läßt sich das schließen aus dem geordneten Naturlauf, der gleichsam der Ausdruck der göttlichen Regierung ist, sowie aus der Güte des Schöpfers, a. 1. Die Regierung aber geht auf ein Ziel, und dieses ist ein bonum, für das Einzelne ein particulare bonum, für das Ganze das bonum universale und essentiale. Das aber ist Gott, und so ist er, also etwas außer der Welt, das Ziel der Weltregierung, a. 2. Weil dann ein Gut, das die Dinge anstreben, vor allem auch die Einheit, Ordnung und Frieden ist, so kann die Welt nur von Einem regiert sein, a. 3. — Diese Regierung aber hat nothwendig einen Effect, und das ist das Ziel, nach dem die Dinge streben, das bonum ist, dieses aber in der Verähnlichung mit Gott besteht, so ist der Effect allgemein bestimmt, das assimilari summo bono, das aber geschieht näher durch Darstellung resp. Erhaltung der eigenen Güte, und dadurch, daß, wie Gott andere Wesen zum Guten lenkt, so auch diese selbst wieder Andere zum Guten bewegen. Das erstere wird erreicht durch die Welterhaltung, das letztere durch die Bewegung zum Guten; nähere Zwecke der Weltregierung gibt es dann aber unzählige, a. 4. — Dieser göttlichen Weltregierung nun ist Alles unterworfen, weil Alles von Gott stammt, und es ist die Meinung der Averroisten falsch, die dieses Irdische und Einzelne der Weltregierung entziehen wollten, a. 5. — Es bezieht sich auch der Plan der Regierung unmittelbar auf das Einzelnste; dagegen bei der Ausführung desselben bedient sich Gott der Geschöpfe, um diesen selbst dadurch wieder eine höhere Güte und Aehnlichkeit mit sich zu verleihen, a. 6. Und weil so die göttliche Providenz auf's Einzelnste geht, so kann es auch für ihn keinen Zufall geben; dieser kann nur für uns da sein, für Gott ist es bewußte Zulassung, a. 7., in einer Art und Weise, daß, wenn sich ein Wesen seinen Plänen und seiner Leitung nach einer Richtung entziehen möchte, es ihm doch wieder nur in anderer Weise dienen muß und Alles, selbst im Sündigen, nach einem bonum strebt, wenn auch in particulari nach einem falschen, a. 8.

Nach der Darlegung der allgemeinen Principien der göttlichen Weltregierung kann nun dieselbe in ihren Wirkungen im Besondern betrachtet werden; und weil dieselbe zunächst unmittelbar von Gott ausgeht, dann aber Gott sich dabei der Mittelwesen in der Ausführung bedient, so kommt vorab jene unmittelbare Regierung Gottes in Betracht und dann die Mit= wirkung der Creatur. (Vgl. Eltg. zur qu. 104.)

a. Die unmittelbare göttliche Weltregierung, qu. 104.—106. — Es ist dieselbe, wie oben angedeutet, einerseits Welterhaltung, anderseits Bewegung der Dinge zum Ziele, Weltregierung.

α. Die Welterhaltung, qu. 104. — In seiner Weltregierung muß Gott zunächst die Dinge in ihrem Bestand, ihrer Güte erhalten. Denn eine jede Wirkung hängt von ihrer Ursache ab, in der Weise, wie diese Ursache ist; nun ist Gott einzige und erste Ursache der Existenz der Dinge, deswegen hängen diese in ihrer Existenz auch immer von ihm ab resp. er muß sie fortwährend erhalten, a. 1. (c. Deism). Doch benutzt er secundär zur Erhaltung der Wesen auch andere Mittelwesen, a. 2. Weil so die ganze Existenz der Dinge von Gott abhängt, so könnte er sie auch wieder in's Nichts zurücksinken lassen, a. 3. Doch wäre das nicht teleologisch und es wird darum auch faktisch Nichts annihilirt, a. 4.

β. Die Weltregierung, qu. 105. — Gott erhaltet aber nicht nur die Dinge, sondern er bewegt sie in seiner Regierung auch zu ihrem Ziele, und dies nicht nur wie ein Ding das andere bewegt, sondern weil er der Schöpfer ihres Wesens ist, innerlich und unmittelbar. So kann er unmittelbar einen Körper, a. 2., und selbst den Intellect, a. 3., und Willen innerlich bewegen, a. 4., ja er wirkt als Ziel, Erstbewegender und Kraftspen= dender innerlich in jeder Creatur mit, intime in omnibus operatur, a. 5. Es ist das die sogenannte göttliche Allwirksamkeit. — In der Regel nun wirkt Gott so in und mittels der Natur der Dinge; doch weil er diesen sogenannten causae secundae nicht unterworfen ist, so kann er auch unmittelbar und ohne sie das bewirken, was sonst diese wirken, und dann haben wir das Wunder, a. 6., was eben ein Factum in der Natur ist, das außer der Natur= ordnung geschieht und worüber man sich darum „verwundert", a. 7.

b. Die mittelbare göttliche Weltregierung oder die Mittel der Vor= sehung, qu. 106.—119. — Nach den einleitenden Bemerkungen bedient sich Gott bei der Ausführung seiner Pläne der Vorsehung auch der creatürlichen Wesen als Mittelursachen, causae secundae, um dieselben an der dignitas causalitatis, an der Ehre, Ursache zu sein, Antheil nehmen zu lassen. Wie nun Gott innerlich, so bewegen diese, an deren Natur an= knüpfend, die Wesen zu ihrem Ziele. Es kommt also hier zur Betrachtung quomodo una creatura moveat aliam (vgl. Eltg zu qu. 106.) und es durchwaltet dabei nach dem heiligen Lehrer diesen ganzen Organismus der Weltregierung Ein großes Princip, nämlich: daß das Niedere durch das Höhere regiert und zu seiner Vervollkommnung und seinem Ziele geführt werde: inferiora reguntur per superiora (eine Ansicht, die in der Natur begründet ist, deren wissenschaftliche Formulirung aber vorzüglich aus dem neuplatonischen liber de causis, das Thomas commentirte, geschöpft wurde). Dadurch entsteht nun eine gewaltige Ueber= und Unterordnung im Kosmos: absteigend regieren die Engel Menschen und Natur, und der Mensch die ihm unterstellten Wesen; und die einheitliche Durchführung dieses Grundgedankens macht den Tractat zu einem der großartigsten der ganzen Summa.

1. **Die Engel als Mittel der Vorsehung, qu. 106.—115.**

Zu oberst stehen also die Engel und da bewegen oder leiten denn zunächst die Höhern die Niedern zu ihrem Ziel; dann wirkt die Engelwelt auf die Natur und endlich besonders auf die Menschen.

 a. Die Einwirkung der Engel auf Engel, qu. 106.—110. — Diese ist vorzüglich eine Erleuchtung der Erkenntniß.

  α. Die Erleuchtung der Erkenntniß, qu. 106.—108. — Eine Erleuchtung des einen Engels durch den andern muß angenommen werden, indem der höhere Geist seine universalern Erkenntnisse dem niedern in beschränkterer Weise mittheilt, a. 1. Durch solche Mittheilungen kann er auch dessen Willen bewegen, aber nur moralisch, durch Vorhalten eines Guten, aber nicht innerlich wie Gott, a. 2. Dabei kann immer nur ein höherer Engel einen niedern erleuchten, nicht aber umgekehrt, a. 3., und auch nicht über Alles, da der Niedere die Erkenntnisse eines specifisch Höhern nur stückweise und unvollkommener erkennt, a. 4. — Diese Erleuchtung muß dann geschehen durch eine Art Sprechen der Engel miteinander, qu. 107. Dieses Sprechen kann aber selbstverständlich nicht eine Lautsprache sein, sondern muß in dem Willen bestehen, daß der andere die betreffende Erkenntniß wisse, a. 1., so kann auch der Niedere zum Höhern sprechen, aber nach dem Vorhergehenden ihn damit nicht eigentlich erleuchten, a. 2. ꝛc.

  β. Die Engelordnungen, qu. 108.—110. — Weil, wie angedeutet, eine Erleuchtung bei den Engeln nur von Höhern auf niederere eintreten kann, so muß nothwendig eine Ueber- und Unterordnung in der Engelwelt angenommen werden und zwar nach drei Hierarchien, qu. 108. a. 1., die selbst wieder, damit nicht eine ungeordnete Vielheit da sei, in je drei Ordnungen abgetheilt sind, a. 2., wo auch jeder Engel seine eigene Stellung hat wie jeder Stern im Kosmos, a. 3., und es gründet sich diese Ordnung auf die natürliche und übernatürliche Ausstattung, a. 4. — Bei der Bestimmung des Wesens und der Aufgabe dieser Ordnung ist zunächst festzuhalten, daß je die eigenthümlichen Vollkommenheiten des nächstniedern Chores sich per excessum wieder im höhern finden, a. 5. Dann aber kann man anlehnend an die Namen der Schrift den einzelnen Hierarchien und Chören verschiedene Aemter zulegen, ähnlich wie in einem geordneten Hofhalt eines Königs. Die nähere Ausführung dessen wurde besonders von Dionysius, de coelesti hierarchia, und Gregor. Magn., aber in nicht ganz übereinstimmender Weise, versucht, auf die sich hier Thomas, sie ausgleichend, stützt. Danach käme der ersten Hierarchie die consideratio finis, gleichsam die Stellung des Rathes, der zweiten die dispositio universalis de agendis, gleichsam die Stellung der Feldherren, der dritten die executio operis, die Ausführung der Pläne, zu, a. 6.; es hat aber all' das mehr nur Bezug für diese Zeit, wo noch für das Reich Gottes gekämpft werden muß, während allerdings auch nach der Vollendung die Ordnungen bleiben, a. 7.

Hat man so die Ordnungen der guten Engel betrachtet, so kann man anläßlich fragen, ob sich solche auch bei den bösen Engeln finden, qu. 109., und da ist zu antworten, insofern dieselben in der höhern oder tiefern Natur wurzeln, dauern sie auch bei ihnen fort, a. 1. Darum ist auch bei ihnen noch eine Ueber- und Unterordnung, aber nicht zum Frieden, sondern nur zu größerm Elend der Höhern, a. 2. Darum erleuchten diese auch nicht die Niedern, sondern verführen sie nur, a. 3., und stehen, da alle Macht von Gott, unter der Macht der guten Engel, a. 4.

 b. Die Einwirkung der Engel auf die Natur, qu. 110. — Ein weiteres Mittel der Vorsehung sind die Engel für die Natur. Es wird nämlich immer „eine beschränktere

Macht geleitet und regiert von einer höhern allgemeinern", und so müssen alle Körper, auch die sublunaren, als das Beschränktere, von Geistern geleitet, sein, a. 1. Dagegen müssen sich diese an die Natur der Dinge anlehnen und können also nicht z. B. unmittelbar gestaltend auf dieselben einwirken, a. 2., wohl aber unmittelbar sie bewegen; ja nach mittelalterlicher Ansicht würden sogar, da die Bewegung dem Körper als solchem nicht zukomme, die Himmelskörper durch Engel bewegt, a. 3. Weil sie aber in all' ihrem Wirken sich an die Natur der Dinge anlehnen müssen, so können sie in ihnen wohl verwunderliche Wirkungen, aber doch nicht eigentliche Wunder hervorbringen, a. 4.

c. Die Einwirkung der Engel auf die Menschen, qu. 111.—115. Endlich üben die Engel eine providentielle Thätigkeit auf die Menschen aus; und dies durch ihren geistigen Rapport, dann in den Angelophanien, und endlich als Schutzgeister.

α. Der geistige Rapport der Engel auf die Menschen, qu. 111. — Weil die Engel über den Menschen stehen, so können sie auch auf sie, ähnlich wie die höhern auf die niedern Ordnungen, erleuchtend einwirken, aber dann nicht rein intelligibel, sondern durch Sinnenbilder, a. 1.; ebenso können sie auf den Willen einwirken, aber nicht unmittelbar ihn bewegen wie Gott, sondern durch Vorhalten eines Gutes also moralisch durch Ueberredung resp. Aufregung, a. 2. Nach dieser Voraussetzung vermögen die Engel, sowohl gute als böse, auf die Einbildungskraft, a. 3., sowie auf die Sinne des Menschen einzuwirken, a. 4.

β. Die Engelsendungen, qu. 112. Eine fernere providentielle Thätigkeit üben die Engel auf die Menschen aus durch ihre Sendungen oder Erscheinungen. Da sie nicht allgegenwärtig sind wie Gott, sondern auf einen Ort beschränkt, so kann bei ihnen von einer missio ad extra zu einem bestimmten Werk und Ort die Rede sein, a. 1. Dagegen werden nicht Engel aller Ordnungen gesandt, sondern gewöhnlich nur die der niedern, a. 2., die deswegen auch nicht assistentes, am Throne Gottes stehende, sind, a. 3., sondern gesandt werden solche, aus deren Namen sich eine operis executio ergibt und das sind nur die der fünf niedern Ordnungen, während die höhern sie dazu erleuchten, a. 4.

γ. Die Schutzgeister, qu. 113. — Ganz besonders endlich üben die Engel eine providentielle Thätigkeit auf die Menschen aus, als deren Schutzgeister. Solche müssen angenommen werden, „da das Wandelbare durch das Unwandelbare regiert wird", der Mensch aber mannigfacher Veränderung und Zufälligkeit ausgesetzt ist, a. 1.; und zwar hat jeder einzelne Mensch seinen Schutzgeist, da Gottes Providenz für die unsterblichen Wesen eine besondere ist, a. 2. Diese Schutzgeister werden nun aus verschiedenen Ordnungen gesandt: für universalere Anliegen, z. B. für ganze Gemeinden oder Reiche, auch aus höhern Ordnungen; für particulare Anliegen, also für die einzelnen Menschen, aus dem niedersten Chore und sie begleiten den Menschen durch das ganze Leben, gleichsam als auf dem Weg zum Vaterland, als Schützer, um mit ihm einstens mitzuregieren (oder in der Hölle als Dämone ihn zu strafen), a. 4. Darum haben auch schon die Kinder ihre Engel, a. 5., und sie bleiben immer beim Menschen, auch wenn er sündigt; das „Verlassen" ist hier nur ein „Zulassen", a. 6., und das Trauern darüber nur ein relatives nicht Wollen, a. 7. und 8.

Gleichsam eine umgekehrte Providenz zu den Schutzgeistern üben die Dämonen mit ihren Versuchungen; darum hier anläßlich auch noch von diesen, qu. 114. Diese Versuchung geht an und für sich von dem Neid und Stolz der Dämonen aus, ist aber von Gott in seinem Weltplan so eingeordnet, wie überhaupt das Böse, aus dem er Gutes zu ziehen sucht, a. 1. Das Eigenthümliche der dämonischen Versuchung ist aber das Schadenwollen, a. 2. Dagegen ist der böse Feind nicht bei jeder Sünde direct thätig, sondern oft auch nur indirect, insofern er in Adam die Menschennatur schädigte, a. 3. Oft greift er bei seinen Versuchungen zu sagen. signa; es sind dies aber nie eigentliche Wunder, aber auch nicht immer nur bloßes Blendwerk, a. 4.; überwunden in seiner Versuchung zieht er sich zurück, kann aber auch wiederkehren, a. 5.

2. Der providentielle Einfluß der Natur, qu. 105.—107.

Insofern die Körper sich bewegen und so auch auf andere Wesen Bewegungen und Veränderungen ausüben, können sie auch Mittel der Vorsehung werden. Nun vermag sich der Körper nicht zwar als solcher, aber durch seine forma, sein Formprincip, zu bewegen und auch auf Anderes, in dieser Richtung Potenzielles, einzuwirken, qu. 115. a. 1. Und zwar wirkt da die Natur nach göttlichem Plane und insofern providentiell, da gerade diese formae die Abbilder der ewigen Ideen des Logos, oder der sogen. Primordialursachen der Dinge sind, a. 2. So nun wirken (nach mittelalterlicher Ansicht, die übrigens wenigstens für die Sonne neuerdings von Secchi bestätigt wurde) besonders die Himmelskörper (wieder als das Wandellose auf das Wandelbare, vgl. oben qu. 113. a. 1.) providentiell auf die irdischen Bewegungen besonders der Generation und Corruption, a. 2. Dagegen betonen nun die alten Theologen und so auch Thomas gegen die Astrologie immer, daß die Gestirne keinen directen und nöthigenden Einfluß auf den menschlichen Willen, a. 4., noch viel weniger auf die Dämonen ausüben können, a. 5., und sogar manches in der Körperwelt selbst durch verhindernde Zufälligkeiten ihrem Einfluß entzogen ist, a. 6. — Daraus ergibt sich auch, was vom Fatum zu halten, qu. 116. Insofern dasselbe ein solcher nöthigender Einfluß der Gestirne auf die menschlichen Schicksale sein soll, gibt es keines, da diese Zufälle sind, die nicht von den Gestirnen abhangen. Dagegen gibt es allerdings einen Zufall nur für den Menschen, der das Zusammentreffen zweier Thatsachen nicht in jedem Falle als Fügung oder Zulassung Gottes zu fassen vermag; während es für Gott, der Alles weiß und ordnet oder zuläßt, keinen Zufall gibt. Insofern aber so Alles unter Gottes Providenz geschieht, kann man von einem Fatum sprechen, obwohl der Name nicht passend ist, a. 1. Die Mittel desselben, die dann metonymisch oft Fatum resp. fatale Dinge oder Umstände genannt werden, wären dann die von der göttlichen Providenz gewählten Mittelursachen, a. 2. Diese aber sind wandelbare, deßhalb gibt es auch kein unabänderliches Fatum, sondern nur einen unveränderlichen Plan Gottes, der aber ein hypothetischer, d. i. den freien Willen mitberechnender ist, a. 3.; weil aber Gott unmittelbar etwas wirken kann, ohne jene Mittelursachen, so ist auch diesen, wenn man sie noch fatal nennen wollte, nicht Alles unterworfen, a. 4., und so gibt es nur ein Fatum im beschränkten Sinn.

3. Der Mensch als Mittel der Vorsehung, qu. 117.—119.

Endlich wirken auch die Menschen, die das Bindeglied von Geist und Körper sind, als Mittel der Vorsehung aufeinander ein, und zwar geistig und körperlich, geistig besonders durch die Erziehung, körperlich durch die Erhaltung des Menschengeschlechtes.

a. Die geistige Einwirkung, qu. 117. — Sie ist auch wieder eine Art Bewegung zum Ziele und dies wieder zunächst durch eine Erleuchtung, so daß jenes göttliche Licht der Erkenntniß durch die verschiedenen Ordnungen der Engel bis hinab zum niedersten Geiste geleitet wird. Diese Erleuchtung des Intellectes geschieht aber bei den Menschen durch das „Lehren", was in einer Actualisirung der potenziellen Erkenntniß des Schülers durch die actuelle des Lehrers besteht, a. 1. So kann auch hier immer nur eine Erleuchtung des Niederern durch das Höhere eintreten; darum kann auch der Mensch nicht etwa die Engel erleuchten, sondern höchstens durch seinen Willensact ihnen die Gedanken seines Herzens eröffnen, a. 2. — Durch seinen Geist kann der Mensch auch bewegend resp. providentiell leitend auf die Natur unter ihm einwirken, aber nicht dieselbe umgestaltend, sondern immer nur an ihre Gesetze sich anlehnend; und diese Einwirkung geschieht durch das Organ seines Leibes, a. 3. Weil ein solcher der abgeschiedenen Seele fehlt, so kann diese nicht in eigener Kraft, sondern höchstens durch göttliche Disposition Körper bewegen, a. 4.

b. **Die physische Einwirkung**, qu 118.—119. — Sie besteht in der Erhaltung der Gattung. Und hier ist klar, daß die seelische Seite des Menschen nicht von den Eltern fortgepflanzt werden kann, außer vor der eigentlichen Animation durch die anima rationalis, eine anima vegetativa zur ersten Belebung, a. 1. Dagegen die anima rationalis kann, weil Körperliches niemals Geistiges hervorbringen kann, nur von Gott unmittelbar erschaffen sein, a. 2., und zwar bei jeder Generation eine neue und nicht etwa alle Seelen von Anfang an zugleich, a. 3. — Die leibliche Seite des Menschen dagegen wird durch die Generation fortgepflanzt, qu. 119.

Zweiter Theil.[1)]

„Zu Gott."

Im Bisherigen wurde betrachtet, wie alle Creatur, speciell die geistige von Gott, als ihrem Urbild, durch Schöpfung ausging; nun ist zu betrachten, wie dieselbe durch Ausbildung ihrer Gottebenbildlichkeit wieder zu ihm zurückkehren soll. Die Ausführung dessen bildet die Moralwissenschaft (vgl. Proleg), die so organisch in das ganze System hineingezogen ist. Zur Einleitung, qu. 1.—6. Dazu muß zuerst gezeigt werden, daß der Mensch ein Ziel hat, auf das die moralische Bethätigung hingerichtet sein muß. Nun geht überhaupt jede Thätigkeit auf ein Ziel, die der vernünftigen Wesen aber mit Bewußtsein; und zwar ist das angestrebte Ziel immer ein Gut (bonum). Die Ziele aber stehen zu einander in einer Ueber- und Unterordnung, in einer Reihe; dieses kann aber nicht in infinitum gehen, sondern es muß ein letztes Ziel geben und das ist das bonum schlechthin oder die vollständige Befriedigung, die Glückseligkeit, beatitudo, die mit der Vollendung seiner selbst zusammenfällt, qu. 1. — Nun fragt sich aber, was diese vollständige Glückseligkeit gewähren könne (Object der beatitudo, qu. 2.) und da ist klar, daß dieses weder äußere Güter: Reichthum, Ehre und Macht, a. 1.—5., noch innere des Leibes, 5.—7., oder des Geistes, a. 7., noch irgend ein creatürliches Gut, a. 8., leisten können, da diese alle nur Mittel zu einem noch höhern Zweck und nur unvollkommene Güter, nicht das Gut schlechthin, das bonum universale sind, das deshalb auch den Willen nie ganz befriedigen. Das ist und vermag nur Gott und deshalb besteht nur in seinem Besitze die vollständige Glückseligkeit und ist er das letzte Ziel des Menschen, a. 8. — So besteht die Glückseligkeit, objectiv betrachtet, im Besitze des höchsten Gutes; subjectiv, qu. 3., ist sie die

---

[1)] Es ist das thomist. Moralsystem in seinem wissenschaftlichen Aufriß auf die aristotel. Ethik aufgebaut (cf. S. Thom.: Comm. in Eth. Nicom.), aber doch selbständig umgearbeitet, und zeichnet sich durch speculative Tiefe und wissenschaftliche Begründung aus, indem der eigentlichen Pflichtenlehre eine psychologische Analyse der sittlichen Acte und Vorbedingungen vorausgeschickt und dann die sittliche Bethätigung in die „vernünftige" Regelung dieser Acte gelegt wird. — Raummangel, und weil das Gebiet mehr von der Dogmatik abgelegen, gebieten hier eine größere Kürzung in der, übrigens doch logisch vollständigen, Darstellung des Systems.

höchste Vollendung des Menschen, ultima perfectio hominis, a. 2. Diese aber ist die Bethätigung der höchsten Anlage in Bezug auf das höchste Object und das ist die Erkenntnißthätigkeit in Bezug auf Gott, deshalb bietet schon die speculative und religiöse Bethätigung hienieden die höchste Befriedigung, a. 6.; ihre Vollendung aber findet sie erst in der Anschauung Gottes und so besteht die Seligkeit in der Anschauung Gottes, a. 8. — Danach ist das Wesen der Glückseligkeit der Besitz Gottes, alles Andere ist nur secundärer Natur: wie die delectatio, qu. 4. a. 1.—5., oder integrirender: wie Gesundheit, Glücksgüter, Freunde, a. 6.—8., die zur Vollständigkeit der irdischen Glückseligkeit, ad bene esse beatitudinis, nicht aber zu ihrem Wesen nothwendig sind. — Uebrigens ist die Erlangung der Glückseligkeit, qu 5., hienieden nur theilweise und unvollkommen möglich, aliqualis beatitudinis participatio in hac vita haberi potest, a. 3. Die vollständige Glückseligkeit, die dann auch nicht mehr verloren werden kann, a. 4., tritt dagegen erst im Jenseits ein und kann auch durch bloße natürliche Kräfte nicht erreicht werden, sondern nur in Kraft der verklärenden Gnade, a. 5. und 6., muß aber hienieden verdient werden durch gute Werke, a. 7. —

Und so führt die Betrachtung des Zieles des Menschen zur Untersuchung seiner moralischen Bethätigung oder seiner Werke; und da fragt es sich nun, welche Werke führen zu diesem Ziele, welche dagegen führen davon ab; denn alle Menschen streben zwar von Natur nach der Glückseligkeit, a. 8., aber nicht Alle erreichen sie und somit fragt es sich, wie muß sein moralisches Handeln beschaffen sein, um dadurch zu seinem Ziele, Gott, zurückzukehren. So leitet die Betrachtung des Zieles des Menschen zur Moral über; diese aber zerfällt, da einerseits deren Principien festzustellen, andererseits die moralischen Acte als etwas Einzelnes im Einzelnen zu bestimmen sind, in einen allgemeinen und besondern Theil. (Vgl. Eltg. zu qu. 6.)

Erste Abtheilung.

Allgemeine Moral.

In der allgemeinen Moral ist zunächst das sittliche Handeln, die moralischen Acte, dann die Principien oder moralischen Vorbedingungen zu betrachten. (Ib. Eltg.)

I. Die sittlichen Acte, de actibus humanis, qu. 6.—49.

Unter den Acten des Menschen sind solche, die specifisch menschliche sind, andere, die er in gewissem Sinne mit den Thieren gemein hat, die sog. Leidenschaften oder Triebe.

A. Die specifisch-menschlichen Acte, actus humani, qu. 6.—22. — Die specifischmenschlichen Acte sind die des freien Willens, eo quod voluntas est rationalis appetitus, qui est proprius hominis. Es ist an ihnen darum zuerst das Wesen, dann deren Unterschied zu bestimmen.

1. Wesen der freien Willensacte, de conditione (al. consideratione) humanor. act., qu. 6.—18. Hier kommt zunächst in Betracht der Begriff des Freien und seine Umstände; dann der Act des freien Willens als solcher, und dann die Acte anderer Seelenvermögen, die aber vom Willen befohlen sind. (Vgl. Eltg. zu qu. 6.)

a. Der Begriff von Frei und Unfrei, qu. 6.—8. — Zum Begriffe frei gewollt gehört nicht nur, daß sich ein Wesen innerlich mit etwelcher Erkenntniß des Zieles und einem gewissen instinctiven Urtheil per sensum et aestimationem naturalem sich zu diesem hinbewegt, was auch dem Thiere zukommt, qu 6. a. 1. und 2., sondern mit vollkommener Erkenntniß des Zieles und der Mittel dazu, durch Deliberation und der Macht sich darauf hinzubewegen oder nicht, a. 2. Diese Fähigkeit hat aber nur ein vernünftiges Wesen und sie kann auch durch Gewalt, Furcht und Leidenschaft nicht aufgehoben werden, a. 4.—8. — Mit dem freien Acte können dann gewisse Umstände verbunden sein, die für die Imputation und den moralischen Charakter desselben von Bedeutung und daher besonders vom Theologen wohl in Betracht zu ziehen sind; sie reduciren sich auf den Vers: quis quid ubi etc. Der wichtigste Umstand aber ist die Absicht des Zieles, propter quid, qu. 7. — Die also gesetzten freien Acte sind nun entweder Acte des Willensvermögens unmittelbar selbst, sog. actus eliciti, oder dann vom Willen befohlene Acte anderer Vermögen, actus imperati.

b. Die Willensacte als solche, actus eliciti, qu 8.—17. — Das Wesen der Acte des Willensvermögens ist, daß sie immer auf ein Ziel gehen und dasselbe sub ratione boni anstreben und auch alles andere Angestrebte auf dieses hinordnen, qu. 8. — Danach hat der Wille eine doppelte Thätigkeit, ein Wollen des Zieles selbst, in finem, und ein Wollen der Mittel zum Ziele, quæ sunt ad finem. Im erstern, dem velle in finem, qu. 9.—13., machen sich selbst wieder drei Acte geltend, das moveri, frui und intendere: das Motiv, qu. 9.—11., der Genuß, qu. 11. und die Absicht, qu. 12. Das Motiv des Willens ist die Erkenntniß eines Gutes und das Triebleben, das primum movens zu allem Guten aber Gott, qu. 9., doch sind all' diese Motive nicht necessitirende, qu. 10. Die fruitio oder der Genuß knüpft sich an die Erlangung des Zieles, qu. 11., die Absicht aber ordnet die Mittel auf das Ziel hin und will das Ziel selbst, qu. 12. — Beim Hinordnen der Mittel zum Ziele, ad finem, qu. 13.—17., sind wieder drei Acte thätig: das eligere, das consentire und das uti: die Wahl zwischen den verschiedenen Mitteln, die eine freie ist, qu. 13., und der die Berathung, das consilium, vorausgeht, qu. 14., der Entschluß, qu. 15., und der wirkliche Gebrauch des Mittels, qu. 16., alles Acte, die nur vernünftigen Wesen im eigentlichen Sinne zukommen können.

c. Die vom Willen dirigirten Acte, actus imperati, qu. 17., sind Acte anderer Vermögen, z. B. des Intellectes, des sinnlichen Trieblebens, der körperlichen Glieder, die vom Willen, unter der Herrschaft der Vernunft, dirigirt werden, a. 1., und denen besonders die letztern, soweit sie von den apprehensio animæ abhängig, b. i. soweit sie bewußte und nicht rein unbewußte, vegetative, sind, unterworfen sein müssen und können, a. 7.—9.

2. Der Unterschied der Willensacte, qu. 18.—22. Der Unterschied der freien Acte ist der von gut und bös, denen Verdienst oder Schuld und Strafe folgen.

a. Güte und Schlechtigkeit der Willensacte, qu. 18.—21. — Sie kann im Allgemeinen, qu. 18., und im Speciellen bezüglich der innern, qu. 19., und äußern Acte, qu. 20., betrachtet werden. Da nun die Güte sich mit der Vollkommenheit des Seins, plenitudo essendi, deckt, so ist Gott als das Sein schlechthin das Urbild des Guten, jeder Act aber ist gut insofern er Alles hat, was ihm zukommen soll; bös, resp. unvollkommen aber, sofern ihm etwas fehlt, was er zu seiner plenitudo essendi haben sollte, qu. 18. a. 1., und das richtet sich, weil der Act auf ein Ziel geht, besonders nach dem Object, ex objecto convenienti, a. 2., wo aber auch wieder Umstände und Ziel ein an und für sich gutes Object zu einem bösen machen können, a. 3.—8., während mit Absicht vom Ziele auch manche Acte indifferent sein können, a. 8. und 9. — Nach diesen allgemeinen Grundsätzen läßt sich speciell die Güte oder Schlechtigkeit der innern und äußern Acte bestimmen. Die Güte der innern Willensacte, qu. 19., hängt ab von dem Object, auf das der Wille geht, ob es ein zulässiges sei oder nicht, a. 1. Darüber aber entscheidet die Vernunft und so gehört zur Güte die Rationabilität oder

Vernünftigkeit eines Actes, a. 3. Die Vernunft selbst aber muß sich in ihrem Urtheil nach den Normen des ewigen Gesetzes richten, a. 4., sie kann jedoch dabei auch irren und je nachdem dieser Irrthum, die scientia erronea, eine verschuldete ist oder nicht, ist dann auch der Act gut oder bös, a. 5.—7. An der Güte des Objectes oder Zieles participiren zugleich die Mittel dazu, a 7. und 8., und weil das letzte Ziel des menschlichen Willens das summum bonum sein muß, a. 9., so muß endgültig, damit die Acte gut seien, Alles auf dieses hinbezogen sein oder, formal bestimmt, es besteht die Güte der Acte in ihrer Uebereinstimmung mit dem göttlichen Willen, a. 10. — Die Güte der äußern Acte oder Handlungen des Menschen, qu. 20., hängt in ihrem Ziel wesentlich von der innern Güte des Willens, in den Umständen von der Rationabilität ab, a. 1.—3., und kann nur eine größere sein wegen der größern Intensivität des Willens, die zur Ausführung nöthig ist, a. 3.—5., auf den nicht vorgewußten Erfolg aber kommt es nicht an, a. 5.

b. Verdienst und Schuld, qu. 21. — An die Güte oder Schlechtigkeit eines Actes knüpft sich Gerechtigkeit und Sünde, Verdienst oder Schuld, denn die rectitudo besteht in der rechten Ordnung zum Ziel, die Sünde in der unrechten; der gute Act aber ist geordnet nach der Vernunft und dem ewigen Gesetz, der böse dagegen nicht und so hat jener den Charakter der rectitudo, dieser der Sünde, a. 1. Daran knüpft sich dann, wenn der Act mit Freiheit gethan wird, naturgemäß Lob und Tadel resp. Beschuldigung, laus oder culpa, a. 2., und insofern er zum Guten oder Bösen eines Andern oder der Communität ausschlägt, hat er das Anrecht auf Vergeltung, auf Lohn oder Strafe, a. 3. Da nun Gott das Ziel und der Lenker des ganzen Universums ist, so hat jeder gute oder böse Act, der in diesem gethan wird, vor ihm den Charakter der Verdienstlichkeit oder des Mißverdienstes, je nachdem er auf ihn bezogen ist, wie geschuldet, oder nicht, und je nachdem er seine Ehre im Ganzen darstellt oder nicht, a. 4. —

B. Das menschliche Triebleben, actus hominis sive passiones, qu. 22.—49. — Die Acte, welche der Mensch in gewissem Sinne mit dem Thiere gemein hat, sind die Leidenschaften oder das Triebleben. Es kann dasselbe zuerst einleitend im Allgemeinen betrachtet und dann die einzelnen Triebe untersucht werden.

Im Allgemeinen, qu. 22.—26., ist die Definition der Leidenschaften, ihre Eintheilung, gegenseitiges Verhältniß und deren moralische Güte zu bestimmen. — Unter Trieb oder Leidenschaft (nicht im unmoralischen Sinn) versteht man: einen Einfluß erleiden, pati, oder ein Gezogenwerden zu dem Beeinflußenden, trahi ad agentem qu. 22. a. 1. auch quidam motus i. e. Trieb., cf. qu. 23. a. 2., und es wurzelt das vorzüglich im sinnlichen Strebevermögen des Menschen, a. 2., da es mit einer transmutatio corporalis irgend einer sinnlichen Veränderung, einem „physiologischen Vorgang" verbunden ist, a. 3. — Die Grundeintheilung, qu. 23., der Leidenschaften ist die in Concupiscibilität und Jrascibilität, indem der Trieb sich entweder einfach geltend macht als ein Streben nach einem sinnlich wahrnehmbaren Gut, resp. dem Fliehen eines Uebels, z. B. als Freude oder Trauer, Liebe oder Abneigung; oder dann in demselben, aber mit Anstrengung verbunden, also als Streben nach einem bonum arduum, z. B als audacia oder ira (cf. 1. qu. 81. a. 2.). Dieses Triebleben nun ist an und für sich noch nichts Moralisches oder Unmoralisches, sondern erst insofern es von der Vernunft geregelt wird oder nicht, qu. 24. a. 1. Wird es recht geregelt, so ist es sogar etwas Gutes, a. 2., und weil es ein intensiverer, auch sinnlicher Zug zum Guten oder Bösen hin ist, so vermehrt es die moralische Güte, resp. Schlechtigkeit des Actes, a. 3. — In ihrem gegenseitigen Verhältniß, qu. 25., stehen die verschiedenen Triebe so zu einander, daß die Wurzel der concupisciblen die Liebe, a. 2., die der irasciblen die Hoffnung ist, a. 3., und so dann als die vier hauptsächlichsten Leidenschaften erscheinen: gaudium, tristitia, spes und timor, a. 4. Nach diesen allgemeinen Vorerörterungen können nun die Triebe im besondern betrachtet werden qu. 26.—49.

1. **Die Triebe der Concupiscibilität** (Begehrungsvermögen), qu. 26.—40., sind: Liebe und Haß, Begehren und Flucht, Freude und Trauer, und es werden dieselben passend nach Wesen, Ursache, Wirkung, eventuell Heilmittel untersucht.

a. **Liebe und Haß**, qu. 26.—30. — Die Wurzel der concupisciblen Triebe ist die Liebe, denn sie ist schlechthin Streben nach einem Gute, qu. 26. a 1.; zu den Trieben oder Leidenschaften aber gehört sie, weil sie eine Veränderung durch das Geliebte im Liebenden, nämlich: Sehnsucht, Freude, Ruhe hervorbringt, a. 2., und man unterscheidet an ihr besonders eine amor concupiscentiæ, die begehrliche Liebe, die sich ein Gut will und die amor benevolentiæ, die (hingebende) Liebe des Wohlwollens, die dem Andern Gutes will. — Ursache der Liebe, qu. 27., ist immer ein Gut, resp. das Schöne, (das sich real, wenn auch nicht ganz begrifflich, mit Gut deckt), a. 1.; es muß ihr deshalb die Erkenntniß vorausgehen, a. 2., und wird für sie auch eine gewisse Aehnlichkeit zwischen Liebendem und Geliebtem gefordert, a. 3. — Ihre Wirkung, qu. 28., ist vorab die Einigung, a. 1., dann die gegenseitige Anhänglichkeit, a. 2., bei hohem Grad die Ekstase, das Entrücktwerden oder Sichvergessen und nur an das Geliebte denken, a. 3., und damit verbunden der Eifer, zelus, für dasselbe, a. 4. Als intensivste Leidenschaft hat sie auch vor allem eine Einwirkung auf den Körper, a. 5., und ist der Impuls zu allem auf den geliebten Gegenstand bezüglichen Handeln.

Der Gegensatz der Liebe ist der Haß, odium, qu. 29. Wie das Object der Liebe ein Gut, so ist sein Object ein malum, ein Uebel, a. 1., er ist eigentlich nur die Kehrseite der Liebe, wurzelt darum in ihr, a. 2., und manifestirt sich oft stärker als sie, a. 3. Da sein Object das Uebel, so kann an und für sich Niemand etwas hassen, was dem Menschen als ein Gut erscheint, z. B. seine Existenz oder die Wahrheit, sondern nur indirect, insofern es einem angestrebten geliebten Gute hinderlich ist, a. 4. ff.

b. **Begehren und Flucht**, qu. 30. — Die concupiscentia besteht in dem Begehren nach einem sinnlich-geistig Angenehmen, a. 1., und muß als ein eigener Trieb von der Liebe unterschieden werden, indem sie als Folge derselben, als Begehren nach einem Gut insofern es noch abwesend ist, entsteht, a. 2. Man unterscheidet eine natürliche und eine geistige Concupiscenz; erstere geht instinctiv auf das der Natur angenehme, z. B. Speise, letztere auf ein von der Vernunft als gut erkanntes Angenehmes und wird richtiger cupiditas genannt, a. 3., erstere geht, endlich und beschränkt, nur auf die Befriedigung der Natur, letztere hat etwas Unendliches an sich, weil die Vernunft in's Unendliche fortschreitet, z. B. die Geldgier, a. 4.

c. **Freude und Trauer**, qu. 31.—40. — Wird das von der Liebe begehrte Gut erreicht, so tritt die Freude ein, und da sich auch im sensitiven Theil des Menschen wirkt, so ist auch sie eine passio, qu. 31. a. 1.; sofern aber dabei auch die Vernunft thätig ist, wird sie zum gaudium und wurzelt auch im intellectiven Theil, a. 3. und 4. Und es ist die Freude eine um so größere, eine je geistigere sie ist, a. 5., während die sinnliche vorzüglich in der Empfindung sich geltend macht, a. 6. — Die Ursache der Freude, qu. 32., ist wie schon angedeutet, die Erlangung des entsprechenden Gutes und die Erkenntniß dieser Erreichung, a. 1. Darum kann auch Abwechslung, a. 2., die Hoffnung und das Andenken, a. 3., ja selbst indirect die Trauer, a. 4., eine Ursache der Freude werden, da überall damit wenigstens eine unvollkommene Erkenntniß und Verbindung mit einem geliebten Gute eintritt; ähnlich bringt das Lob Anderer uns ein Gut, das wir besitzen zum Bewußtsein und erfreut so, a. 5., noch mehr das Wohlthun, daher „Geben süßer als Nehmen", a. 6., auch die Aehnlichkeit eines

Andern, sofern sie nicht beeinträchtigt, erfreut, a. 7., ganz besonders aber die Verwunderung wegen der Hoffnung auf neue Fortschritte im Erkennen, a. 8. — Die Wirkung der Freude, qu. 33., ist eine Art Expansion des Herzens und Gemüthes, a. 1., die bei geistigen Genüssen immer mehr Interesse erzeugt, während bei sinnlichen wegen der Ermüdung des Organs leicht der Ueberdruß eintritt, a. 2.; geistige Freuden erhöhen den Gebrauch der Vernunft, sinnliche Genüsse trüben ihn vielfach wegen ihrer Leidenschaftlichkeit, a. 3. Die Freude wirkt auch beschleunigend auf die Thätigkeit, a. 4. — Der moralische Charakter der Freude, qu. 34, hängt davon ab, ob sie von der Vernunft recht geleitet ist oder nicht; an und für sich ist auch die sinnliche Freude noch nichts Böses, nur bei vernunftwidrigem Gebrauch, a. 1., und da der Mensch nun einmal nicht ohne Freude leben kann, ist sowohl das Extrem der Stoiker zu vermeiden, die alle Freude (Pathos oder Aufregung) als bös betrachteten, wie das der Epicuräer, die jede als erlaubt hinstellten (Hedonismus), a 2. Die höchste und beste der Freuden aber ist die in Gott, a. 3., wie man auch von der Art der Freuden, die Jemand mit Bewußtsein, nicht nur instinctiv, besonders begehrt, auf seinen moralischen Charakter schließen kann, a. 4.

Der Gegensatz der Freude ist Schmerz und Trauer, qu. 35.—40. Er besteht in der Verbindung mit einem Uebel und dem Bewußtsein davon, qu. 35. a. 1. Jeder Freude steht ein Schmerz entgegen, a. 3.—5., nur der contemplativen Freude eigentlich nicht, a. 5. Schmerz bedeutet dann mehr das äußere Schmerzgefühl, Trauer mehr den innern Schmerz; dieser ist der größere, a. 7., und werden an ihm vier Arten unterschieden: acedia, Niedergeschlagenheit, anxietas, misericordia und invidia, a. 3. — Ihre Ursache, qu. 36., ist mehr ein malum conjunctum als ein bonum amissum, a. 1., wegen der Entbehrung eines verlangten Gutes wird dann auch die concupiscentia zur Ursache der Trauer, a. 2., ebenso die Liebe, a. 3., und hinderliche höhere Gewalt, a. 4. — Die Wirkung der Trauer, qu. 37., ist im Gegensatz zur Freude Beengung und Beklemmung, a. 2.; sie schädigt die Schaffensfreudigkeit, a. 1. und 3., und schadet sogar dem Körper, a. 4. Als Heilmittel, qu. 38., gegen sie wirken überhaupt mehr oder weniger mitigirend jegliche Erfreuung, a. 1., wegen der Lösung der Beklemmung auch die Thränen, a. 2., das Mitleid der Freunde, a. 3., auch der Schlaf und alle die Herzthätigkeit beruhigenden Mittel, z. B. Bäder, a. 5., am meisten aber die Betrachtung der ewigen Wahrheiten, a. 4. — Die moralische Güte, qu. 39., der Trauer richtet sich wieder nach ihrer Vernünftigkeit; eine richtige Trauer über ein wahres verlorenes Gut ist etwas Gutes, a. 1. und 2., sie kann dem Menschen auch nützlich sein, a. 3., niemals aber kann sie das höchste Uebel des Menschen sein, da sie immer noch eine Sehnsucht nach einem Gute und nicht die gänzliche Entfremdung vom Guten ist, a. 4.

2. Die Triebe der Irascibilität (Widerstandsvermögen), qu. 40.—49., sind: Hoffnung und Verzweiflung; Furcht, Kühnheit und der Zorn; auch sie können wieder nach Wesen, Ursache, Wirkung ꝛc. betrachtet werden.

a. Hoffnung und Verzweiflung, qu. 40. — Die irasciblen Triebe gehen auf ein bonum arduum, das Beschwerliche und die Anstrengung ist ihr Spezifisches und wurzeln so nicht so fast in dem Verlangen oder der Liebe als vielmehr in der Kraft. Und so ist die Hoffnung nicht etwa nur Verlangen, sondern ihr Object ist etwas Zukünftiges, das schwer zu erlangen ist, mit der Aussicht es zu erreichen, a. 1. Auch sie wurzelt mehr im Strebevermögen, a. 2., und findet sich in gewissem Sinne darum auch im Thiere, nur daß beim Menschen auch die Vernunftthätigkeit hinzukommt, a. 3. — Das Gegentheil der Hoffnung ist die Hoffnungslosigkeit, die in dem Einsehen der Unerreichbarkeit besteht, a. 4. — Ursache der Hoffnung ist besonders die Erfahrung, daß man etwas vermag, a. 5., aber auch das unerfahrene Kraftbewußtsein, weshalb sie sich besonders bei der Jugend findet, a. 6. — Ihre Wirkung ist die Unternehmungslust, a. 8.

b. Furcht und Kühnheit, qu 41.—46. — Die Furcht ist vor allem eine Leidenschaft im passiven Sinn, a. 41.; sie geht auf ein zukünftiges drohendes Uebel Leibes oder der Seele und hat so als Unterarten: die segnities, erubescentia, verecundia, admiratio (ob malum inconsuetum) stupor und agonia. Ihr Object ist offenbar das malum, ein Uebel, das droht, doch mit etwelcher Aussicht der Möglichkeit ihm zu entgehen, sonst würde sie zur desperatio, Verzweiflung werden, qu. 42. - Ihre Ursache, qu 43., ist einerseits die Liebe nach dem schwer zu erlangenden Gut, a. 1., andererseits das Gefühl der Unzulänglichkeit der Kraft, a. 2. — Ihre Wirkungen, qu. 44., aber sind Beklemmung, a. 1., Vorsicht, a. 2., Zittern und That= losigkeit, a. 3. und 4.

Das Gegentheil der Furcht ist die Kühnheit, qu. 45.; sie tritt gegen die drohende Gefahr mit Siegesgewißheit auf, a. 1., hat eine bestimmte Hoffnung zu ihrer Ursache, a. 2., bewirkt besonders Hast im Angreifen, der leicht Ermattung folgen kann, wenn der blinde Trieb nicht durch die Vernunft geregelt wird, die im Anfang vorsichtiger aber dann auch nachhaltiger wirkt, a. 4.

c. Der Zorn, qu. 46.- 49., — geht auf die Rache als auf ein Gut das er anstrebt, und gegen dasjenige, was ihm als Schädlich erscheint, qu. 46. a. 2. Darum wurzelt er vor Allem in der Jrascibilität, a. 3., und hat das Gerechtigkeitsgefühl zur Grundlage, weshalb er nicht in jeder Weise widervernünftig ist, a. 4. u. 7. Seine Arten sind: fel, mania und furor, a. 8. — Seine Ursache, qu. 47., ist immer ein wirkliches oder vermeintliches Unrecht, a. 1., daher besonders die Geringschätzung, a. 2., subjectiv das Gefühl der Ueberlegenheit, objectiv das der Verachtung gegen den, dem man zürnt, a. 3. — Die Wirkungen des Zornes, qu. 48., sind zunächst die Freude an der Rache, a. 1., physiologisch eine große Aufregung, a. 2., daher verwirrt er mehr als die andern Leidenschaften den Vernunftgebrauch, a. 3., und kann sich bis zur Taubheit steigern, a. 4.

II. Die Principien des sittlichen Handelns, qu. 49.—114.

Nach den sittlichen Acten sind die Principien des sittlichen Handelns zu betrachten, d. i. das, woraus das sittliche Handeln hervorgeht, seinen Ursprung nimmt. Und solcher Principien gibt es innere und äußere.

A. Die innern Principien, qu. 49.—90., — sind die sittlichen Potenzen und Gewohn= heiten, habitus. Weil von erstern früher abgehandelt wurde, l. qu. 77., so kommen hier nur die habitus in Betracht. Es ist zuerst ihr Begriff im Allgemeinen zu bestimmen und sie nachher im Einzelnen zu betrachten.

Allgemeine Bestimmung des habitus, qu. 49.—55.: sie hat zu untersuchen dessen Wesen, Subject, Ursache und Eintheilung. — Dem Wesen nach, qu. 49., ist der habitus eine Beschaffenheit, qualitas, der Seele, wodurch dieselbe eine gewisse Disposition und Leichtigkeit zu den entsprechenden Acten hat, was an und für sich ein Vorzug der Natur ist, cf. a. 4. — Träger der habitus, qu. 50., ist nur secundär der Körper, primär dagegen die Seele und zwar in Intellect und Wille. — Ursache der Habitualitäten, qu. 51.—54., ist zunächst die Natur selbst, qu. 51. a. 1.; dann aber entstehen sie besonders durch die öftere Wiederholung von Acten, a. 2. (hie und da auch durch einen besonders intensiven einzelnen Act, a. 3.), auf übernatürlichem Gebiet auch durch göttliche Eingießung, a. 4. Darum können sie durch öftere Setzung des betreffenden Actes vermehrt, qu. 52, durch Unterlassung (oder intensive Gegenwirkung) vermindert und aufgehoben werden, qu. 53. — Die Eintheilung der habitus, qu. 54., geschieht nach der Verschiedenheit der Objecte, auf die sie gehen und nach ihrer moralischen Güte oder Schlechtigkeit, als Tugend und Laster. Nach dieser Eintheilung im Folgenden ihre Betrachtung im Einzelnen.

1. Von der Tugend, qu. 55.—71. — Am habitus der Tugend ist zu untersuchen: ihr Wesen, Subject, Eintheilung, Ursache, gewisse Eigenthümlichkeiten der Tugend, und endlich die eingegossenen tugendhaften habitus, die sog. dona.

a. Wesen der Tugend, qu. 55. — Die Tugend ist eine gewisse Vollkommenheit oder Fertigkeit der Anlage, potentiæ perfectio, a. 1., zu einer guten Bethätigung, a. 2. und 3., und darum ein habitus, der passend nach Augustinus definirt wird: virtus est bona qualitas mentis, qua recte vivitur et qua nullus male utitur, a. 4.

b. Subject oder Träger der Tugend, qu. 56., ist die Seele, a. 1., und zwar, weil die Tugend in der guten Bethätigung besteht, der Intellect nur insofern er vom Willen, a. 3., die Triebe der Irascibilität und Concupiscibilität, sofern sie von der Vernunft recht geleitet werden, a. 4. Eigentliches Subject der Tugend dagegen ist der Wille, a. 5.

c. Eintheilung der Tugenden, qu. 57.—63. — Nach ihrem Object können nun die Tugenden eingetheilt werden in intellectuelle, moralische und theologische.

α. Die intellectuellen Tugenden, qu. 57. — Die intellectiven Fertigkeiten können Tugenden genannt werden, insofern sie sich gut bethätigen, d. h. der Wahrheit dienen (hoc enim est bonum opus intellectus); nicht aber insofern sie zum tugendhaften Leben führen, denn das ist direct Sache des Willens, a. 1. — Danach gibt es drei Tugenden der rein speculativen oder theoretischen Erkenntniß: sapientia, Weisheit, als die Erkenntniß der letzten Gründe; scientia, die Erkenntniß des Wesens der Dinge, und intellectus, der habitus der logischen Principien, a. 2., und zwei der praktischen auf eine praktische Ausführung, operabilia, gehenden Erkenntniß: die ars oder Kunst, d. i. die Geschicklichkeit im Hervorbringen, recta ratio factibilium, und die prudentia oder Klugheit, d. i. die intellectuelle Tüchtigkeit zum Handeln, recta ratio agibilium, und der sich als untergeordnete Tugenden anschließen die eubulia, Fähigkeit gut zu rathen, synesis, verständiges praktisches Urtheil im Gewöhnlichen, und gnome, höhere Urtheilskraft im Außerordentlichen, a. 3.—6.

β. Die moralischen Tugenden, qu. 58.—62., sind speciell die Tugenden, die im Willens- und Strebevermögen beruhen und daher von den intellectuellen zu unterscheiden, qu. 58.; sie sind auch nicht identisch mit den passiones oder Trieben, sondern sollen dieselben beherrschen und beziehen sich auch nicht nur auf die passiones, sondern auch auf die operationes des intellectiven Willens, qu. 59. — Daraus ergibt sich ihre Eintheilung, qu. 60.—62.: es sind nämlich Tugenden für die operationes und passiones und bei beiden wieder nach der Verschiedenheit der Objecte zu unterscheiden, qu. 60., und so erhält man die sog. vier Cardinaltugenden: Klugheit, Gerechtigkeit, Mäßigkeit und Starkmuth, wovon die zwei ersten vorzüglich auf die operationes und zwar die Klugheit auf die Regelung des Intellectiven, die Gerechtigkeit auf den Willen, die zwei letzten auf die Beherrschung der passiones und zwar die Mäßigkeit auf die concupiscentia, die Starkmuth auf die irascibilitas gehen, qu. 61. cf. bes. a. 2.; Cardinaltugenden aber werden sie genannt, weil alle sog. moralischen Tugenden sich auf sie zurückführen lassen, a. 3.

γ. Die theologischen Tugenden, qu. 62. Die Tugenden, die Gott zum Object oder Ziel haben, sind die theologischen und zu diesem Ziel erhebt sich der Mensch durch Erkenntniß und Liebe. Nun aber ist das Ziel, das wir in Gott haben, nicht ein bloß natürliches, sondern ein übernatürliches, nämlich die Seligkeit (vgl. I. II. qu. 5.). Darum genügt auch nicht eine natürliche Erkenntniß und Liebe, um dazu zu gelangen, sondern der Erkenntniß muß das übernatürliche Ziel durch höhere

Erleuchtung mitgetheilt werden, und das geschieht durch den Glauben, und der Wille muß mit höherm Vertrauen und Liebe sich dazu erheben, und so erhält man die drei theologischen Tugenden: Glaube, Hoffnung und Liebe, die übernatürliche und von Gott eingegossene sind, a. 1.—4.
d. Die Ursache der Tugenden, qu. 63. Für diese Tugenden nun ist ein erster Grund die Natur selbst (mit Ausnahme der übernatürlich eingegossenen), die dazu eine gewisse Tendenz hat, a. 1., aber daraus muß nun erst der habitus der Tugend gebildet werden und das geschieht durch die Uebung, die deswegen die Ursache der Tugend ist, a. 2. Doch werden auch gewisse moralische Habitualitäten verwandt mit den theologischen Tugenden, durch die Gnade eingegossen, weil der Mensch zu einem übernatürlichen Ziele bestimmt ist, a. 3., und diese gehen über die bloße Regelung der Acte durch die Vernunft hinaus, a. 4. — Abschließend sind noch zu betrachten

e. Gewisse Eigenthümlichkeiten der Tugend, qu. 64.—68. Eine derselben ist: daß, wie schon die Alten sagten, sie in einer gewissen Mitte, in medio, zwischen zwei Extremen besteht. Denn die moralischen Tugenden setzen die richtige Regelung der Acte durch die Vernunft voraus; diese aber wird gestört durch defect und excessus, das „Zuviel" und „Zuwenig", und so besteht die Tugend in der Vermeidung beider; doch gilt das nicht von den theologischen Tugenden, qu. 64. Ferner besteht eine gegenseitige Abhängigkeit der Tugenden voneinander, so daß eine ohne die andere nicht gehörig bestehen kann; alle aber wurzeln wenigstens, sofern sie übernatürliche und auf's letzte Ziel gerichtete sind in der charitas, der übernatürlichen Liebe Gottes, welche selbst wieder Glauben und Hoffnung voraussetzt und vollendet, qu. 65. — Dabei sind unmöglich alle Tugenden in Einem Menschen gleich ausgebildet und eine steht dem Werth nach höher als andere; am höchsten steht unter den intellectuellen die Weisheit, unter den moralischen die Gerechtigkeit, unter den theologischen die Liebe, qu. 66. Endlich ist auch das eine Eigenthümlichkeit der Tugenden bezüglich ihrer Dauer, daß einige, wie die intellectuellen und moralischen, in gewissem Sinne auch im Jenseits fortdauern, dagegen von den theologischen in den Seligen nur die Liebe bleibt, qu. 67.

Anschließend (connexa, cf. Elig. zu qu. 55.) sind noch gewisse habitus infusi zu betrachten, die als eine übernatürliche Vollendung der Tugenden erscheinen; es sind das: die Gaben des hl. Geistes, die Werte der acht Seligkeiten und die Früchte des hl. Geistes, qu. 68.—71. — Die dona, qu. 68., sind, wie die Tugend ein habitus zum leichten Gehorchen den Befehlen der Vernunft ist, ähnliche habitus, um jeder Einwirkung des hl. Geistes leicht zu gehorchen, gleichsam die Blüthe der eingegossenen theologischen Tugenden; man unterscheidet die sieben: das donum der Weisheit und des Verstandes für den theoretischen, des Rathes und der Wissenschaft für den praktischen Intellect, das donum der Stärke, der Frömmigkeit und der Furcht Gottes für den Willen. — Die sog. „Werke der acht Seligkeiten", qu. 69, sind dann die diesen habitus entsprechenden Acte — und die „Früchte des hl. Geistes", qu. 70.: charitas, gaudium, pax, patientia, benignitas, bonitas, longanimitas, mansuetudo, fides, modestia, continentia, castitas, cf. Galat. 5. 22., die höchste Vollendung dieser Acte, gleichsam die Frucht, die wie diese mit einer gewissen Süßigkeit verbunden ist, a. 2.

2. Von der Sünde, qu. 71.—90. An ihr ist zu untersuchen: Wesen, Eintheilung, Verhältniß, Subject, Ursache und Wirkungen.

a. Wesen der Sünde, qu. 71. — Das Wesen des Lasters ist ein der Tugend entgegengesetzter habitus zum Bösen, und insofern etwas Vernunft- und Naturwidriges, a. 1.—3. Die Sünde ist dann der aus diesem habitus hervorgehende Act (oder Unterlassung) und insofern noch schlechter als jener, a. 3.—6.; sie wird von Augustinus passend besinirt: als Gedanke, Wort oder Werk gegen das ewige Gesetz, a. 6.

b. **Eintheilung der Sünden**, qu. 72. — Auch die Sünden werden specifisch unterschieden nach ihrem Object, und insofern gibt es Sünden des Geistes und des Fleisches, a. 1. und 2., und nach ihrem Ziel, auf das sie gehen: und so gibt es Sünden gegen Gott, den Nächsten und sich selbst, a. 3. und 4. Dagegen begründet die Schwere der Sünde nicht eine andere Art, a. 5.; ähnlich verhält es sich mit den Sünden der That und Unterlassung und den Sünden des Herzens, Mundes und Werkes, sie sind nicht anderer Art, constituiren aber meist einen verschiedenen Grad der Sündhaftigkeit, a. 6. und 7. Dagegen bildet das „Zuviel" oder „Zuwenig" nicht nur einen specifischen, sondern einen conträren Gegensatz, a. 8., und ändern die Umstände die species, so oft etwas aus verschiedenen Motiven resp. unter specifisch verschiedenen Gesichtspunkten, angestrebt wird, a. 9.

c. **Verhältniß der Sünden zu einander**, qu. 73. — Bezüglich des gegenseitigen Verhältnisses der Sünden ist zunächst klar, daß nicht alle Sünden in Causalnexus zu einander stehen, a. 1.; besonders wichtig ist aber hier die Bestimmung des Verhältnisses ihrer Schwere: die Sünde ist um so schwerer, je wichtiger das Object, gegen das sie geht, a. 3., je höher die Tugend, die sie verletzt, a. 4., je größer das Gut, das sie am Menschen schädigt (darum Geistessünden schwerer als Fleischessünden), a. 5., je schlimmer der Zweck und vollständiger das Bewußtsein und die Freiheit, a. 6., je gravirender die Umstände, a. 7., je größer der Schaden, wenn er ein beabsichtigter und gewußter, a. 8., und endlich je höher die Person, gegen die gesündigt wird, oder die fehlt, a. 9. und 10.

d. **Subject der Sünde**, qu. 74., ist wesentlich der Wille, a. 1., secundär als von ihm dirigirt auch die andern Seelenvermögen, a. 2., und so auch der sinnliche Theil des Menschen, a. 3., sowie die Vernunft durch verschuldete Unwissenheit oder indem sie ihre Herrschaft auf die niedern Seelenvermögen nicht geltend macht, was durch Unterordnen unter die niedern Begierden, delectatio morosa, und Zustimmen zu denselben geschehen kann, a. 3. ss.

e. **Ursachen der Sünde**, qu. 75.—85. — Die Sünde als eine Unordnung muß eine Ursache haben; es kann dieselbe eine innere oder äußere sein und es kann auch wieder eine Sünde Ursache der andern werden, qu. 75.

α. **Die innern Ursachen der Sünde**, qu. 76.—79., sind solche von Seite des Intellectes, solche von Seite der Leidenschaften und Triebe und solche von Seite des Willens. — Von Seite der Vernunft, qu. 76, ist es die Unwissenheit, die eine verschuldete und unverschuldete sein kann und je nachdem eine Entschuldigung für die Sünde ist oder nicht. — Von Seite der Leidenschaften, qu. 77., kann die Sünde verursacht werden, indem dieselben den Willen verleiten, a. 1., und die Vernunft trüben, a. 2. Solche Sünden nennt man dann Schwachheitssünden, a. 3., und ihre Wurzel ist die Eigenliebe, a. 4., die in ungeordneter Weise nach den Gütern der Concupiscibilität (sinnlichen und äußern: durch Fleischeslust und Augenlust) und Irascibilität (nach Macht: durch Hoffart des Lebens) strebt, a. 5. Als solche, wenn sie nicht verschuldet entstehen, entschuldigen die Leidenschaften in etwas die Sünde, a. 6., ja sogar, wenn sie den Vernunftgebrauch aufheben, gänzlich, a. 7.; doch schließen sie die schwere Sünde nicht aus, quia ratio deliberans potest occurrere, a. 8. — Von Seite des Willens, qu. 78., ist die Ursache der Sünde dessen Bosheit, malitia, wenn er mit Wissen und Willen an ein niederes sündhaftes Gut ein höheres daran gibt, a. 1, was besonders bei der Gewohnheitssünde, aber auch sonst der Fall sein kann, a. 2. und 3. Die Bosheitssünde ist schwerer als die Schwachheitssünde, a. 4.

β. **Die äußern Ursachen der Sünde**, qu. 79.—84. — Von Außen können auf den Menschen einwirken: Gott, die Geister, und ein Mensch auf den andern. Es fragt sich darum, ob auch Gott Ursache der Sünde sein könne, qu. 79., und da ist klar, daß Gott die

Sünde nur zuläßt, nicht direct verursacht (über die obcæcatio und induratio, cf. a. 3. und 4.). Dagegen versucht dazu der Teufel, qu. 80., indem er auf Vorstellung und den sensitiven Theil des Menschen einwirken kann, a. 1. und 2.; doch vermag er dem Willen keine Gewalt anzuthun, a. 3., und ist auch nicht bei allen Sünden unmittelbar mitthätig, a. 4. — Aehnlich kann auch ein Mensch auf den andern versuchend einwirken; dagegen direct Sünde übertragen wird nur durch die Erbsünde, wovon hier näher (vgl. Elg. zu qu. 81.):

An der Erbsünde, qu. 81.—84., kann man betrachten ihre Uebertragung, ihr Wesen und ihr Subject. Die Uebertragung der Erbsünde, qu. 81., geschieht durch die Generation: alle Menschen bilden nämlich durch die Gattungseinheit gleichsam Einen großen Menschen, „den" Menschen; wie nun einem Gliede des Menschen ein Fehler zugerechnet wird, den dieses Glied thut, bewegt von der Seele, als dem primum principium motivum, so wird auch der Fehler, den das erste Princip der Menschheit, Adam, thut, allen den Gliedern zugerechnet, die motione generationis, durch die Abstammung, gleichsam durch ihn belebt, zur Existenz bewegt werden, a. 1. Weil aber durch die Generation sich nur das Specifische der Menschheit vererbt, nicht das Individuelle, so können auch nicht die persönlichen Sünden der Eltern oder die spätern Adams sich vererben, sondern nur der verschuldete Mangel von etwas, was der Menschheit als Gattungsgabe verliehen war und das ist die übernatürliche Gerechtigkeit (oder heiligmachende Gnade), a. 2. Das Mittel der Uebertragung und zwar des Mangels und der Schuld ist aber eben die Belebung durch die Generation, a. 3., weswegen, wer nicht generatione humana von Adam abstammt (wie Christus), auch die Erbsünde nicht contrahiren kann, a. 4. — Durch den Wegfall der Gnade trat eine Unordnung des Niedern gegen das Höhere, eine Disharmonie im Menschen ein, qu. 82. a. 1., und es ist das oder die sog. Concupiscenz gleichsam das Materielle an der Erbsünde; dagegen liegt deren Wesen, das Formale, eben in dem in Adam verschuldeten Mangel jener übernatürlichen Gerechtigkeit, a. 3. (weshalb wohl wegen körperlichen Dispositionen in einem Menschen mehr von dieser Concupiscenz, als in einem andern sein kann, aber nicht mehr von der Erbsünde, a. 4.). — Subject oder Träger der Erbsünde, qu. 83., ist, weil sie eine wirkliche Sünde und nur die Seele Subject einer Schuld sein kann, die Seele, a. 1.—4.; doch macht sich ihre materiale Seite vorzüglich geltend, weil sie durch die Generation fortgepflanzt wird in allem was mit derselben im Zusammenhang steht, a. 4.

γ. Eine Sünde Ursache von andern, qu. 84. — Ursache von Sünden können auch gewisse Sünden sein, aus denen die andern wie aus ihrer Wurzel sprießen; dahin gehören die Begierde nach Genuß, Reichthum und Ehre, denen die sieben deshalb sogen. Hauptsünden entsprechen.

f. Die Wirkungen der Sünde, qu. 85.—88. sind die Schädigung der Natur, die Sündenmakel und Strafe.

α. Die Schädigung der Natur, qu. 85. — Die übernatürliche Ausstattung wird durch die (schwere) Sünde gänzlich aufgehoben; die natürliche Ausstattung dagegen wird durch sie nicht vernichtet, wohl aber wird die der Natur eigene Neigung zum Guten gemindert, a. 1.; doch kann auch diese nie ganz aufgehoben werden, a. 2, wohl aber wird die richtige Ordnung der Kräfte gestört und so entsteht für den Intellect das volnus ignorantiæ, die Verfinsterung des Verstandes, für den Willen das volnus malitiæ, der Hang zum Bösen, für die Irascibilität die infirmitas, die Schwäche, und für die Concupiscibilität die Concupiscenz, oder böse Begierlichkeit und zwar zunächst durch den Wegfall der Gnade in der Ursünde, dann auch durch jede persönliche Sünde, a. 3., und insofern wird auch die Geordnetheit und Schönheit der Seele gestört, a. 4. Eine Folge der Sünde sind endlich auch die Leiden und der Tod, die von der nicht gefallenen Menschheit ferne gehalten worden wären, a. 5., obwohl sie an und für sich aus dem Wesen des Körpers fließen, a. 6.

β. Die Sündenmakel, qu. 86. — Eine fernere Wirkung der Sünde ist die Sündenmakel. Eine Makel entsteht durch Wegfall des Lichtes: das Licht und der Glanz der Seele aber ist ein doppelter: ein übernatürlicher durch die Gnade und ein natürlicher durch die Wohlgeordnetheit der Vernunft, beides wird durch die Sünde aufgehoben und so entsteht eine Makel, a. 1., die so lange bleibt, bis jener Glanz wieder hergestellt ist, a. 2.

γ. Die Strafsälligkeit (reatus poenae), qu. 87., ist die letzte Folge der Sünde. Durch diese ist nämlich eine Unordnung und Uebertretung der Ordnung gegen die Vernunft oder die äußere staatliche Ordnung und gegen Gott eingetreten, indem der Mensch etwas wollte, was er nicht durfte, a. 1. Diese muß wieder ausgeglichen werden und das geschieht durch die Sühne gegen jene Ordnungen, die verletzt wurden, die darin besteht, daß dem Menschen nun etwas benommen wird, was er sonst haben könnte und dürfte, a. 6. Die Strafe aber ist eine verschiedene je nach der Schwere der Schuld, für die schwere Sünde eine ewige, a. 5. Daneben kann die Strafe auch einen medicinalen Charakter haben, aber der primäre ist der vindicative oder sühnende, a. 8.

Weil so die Strafe der Sünde von der Schwere derselben abhängt, so begründet das den Unterschied von Todsünde und läßlicher Sünde, qu. 88.—90.; erstere besteht in einer gänzlichen Abwendung vom letzten Ziel, letztere in einer Unordnung ohne gänzliches Aufgeben des letzten Zieles, a. 1. (Ueber das gegenseitige Verhältniß ꝛc. vgl. ib.)

B. Die äußern Principien, qu. 90.—114., des sittlichen Handelns sind für das Böse: die Versuchung des bösen Feindes, wovon früher abgehandelt wurde (cf. I. qu. 111. a. 2. und 3. und I., II. qu. 80.); für das Gute Gott mit seinem Gesetze und der Gnade, wovon hier.

1. Das Gesetz, qu. 90.—109. — Zur Einleitung, qu. 90.—93., ist zuerst dessen Wesen, Eintheilung und Wirkung zu betrachten, wonach die verschiedenen Gesetze im Einzelnen zu untersuchen sind. — Das Wesen des Gesetzes, qu. 90., besteht darin: eine Regel oder Maßstab, regula et mensura, für das Handeln zu sein; sein Princip ist darum, weil das Regeln oder Regieren auf das rechte Ziel geht, die Vernunft, a. 1.; sein Zweck ist vorzüglich das bonum communne, die Förderung des Gemeinwohles, a. 2.; deswegen kann es auch nur von einem die Vielheit Regierenden, multitudinis curam habens, erlassen werden, a. 3., und dies muß, wenn es in Kraft treten soll, durch Promulgation geschehen, a. 4. — Die Gesetze werden eingetheilt, qu. 91., in das ewige Gesetz, das Naturgesetz, das menschliche Gesetz und das göttliche Gesetz, das in das alt- und neutestamentliche zerfällt; endlich spricht man im uneigentlichen Sinn auch von einem Gesetze des Fleisches nach Röm. 7. — Die Wirkung des Gesetzes, qu. 92., ist, daß es die Menschen zum guten Handel anleitet, a. 1., und das thut es durch dreierlei: Gebieten des Guten, Verbieten resp. Bestrafen des Bösen und Zulassen des Indifferenten, a. 2.

a. Das ewige Gesetz, qu 93. — Das größte Ganze nun, für das es ein Gesetz gibt, ist das Universum, und dessen Regent ist Gott; deshalb gibt es in Gott, wie ein Vorbild für das Wesen der Dinge in seiner Ideenwelt, so auch eine Regel für das Handeln derselben und das nennt man das „ewige Gesetz", a. 1., von dem eine Ausstrahlung in den obersten Moralprincipien der vernünftigen Creaturen sich findet, a. 2. Dieses ewige Gesetz ist der Urgrund aller andern Gesetze und es gibt in denselben nichts Gerechtes und Rechtliches, als was aus ihm irgendwie abgeleitet ist, a. 3. Darum ist demselben auch Alles unterworfen, a. 4.: die vernunftlose Natur, indem ihr das Gesetz ihrer Bethätigung eingeprägt ist, ohne daß sie es kennt, a. 5., die vernünftige Creatur, indem ihr nicht nur dieser Trieb zur richtigen Be-

thätigung, naturalis inclinatio ad id quod est consonum legi aeternae, angeboren ist, son=
dern indem sie das Gesetz auch selbst erkennen kann, a. 6.

b. Das Naturgesetz, qu. 94. — Jener Abglanz nun des ewigen Gesetzes, der als
Trieb zur richtigen Bethätigung den Wesen anerschaffen ist, bildet in ihnen das Naturgesetz.
Im Menschen ist es der habitus der obersten moralischen Principien, a. 1., die sich zurück=
führen lassen auf den Satz: das Gute ist zu thun, das Böse zu lassen, a. 2. Was aber im
Einzelnen gut und bös, darüber entscheidet die Vernunft, weil ihr als einer forma eben jener Trieb
zum Guten eigen ist, weshalb alle Tugenden sich auf das Naturgesetz resp. das Leben nach der
Vernunft reduciren, a. 3. Darum kann wohl in der Bestimmung des Einzelnen, sofern das=
selbe nicht nothwendige Conclusionen, sondern unwesentliche Additionen sind, eine Veränderung
eintreten, während das Naturgesetz als solches bei Allen dasselbe, a. 4., unveränderlich, a. 5.,
und auch aus dem Herzen des Menschen unaustilgbar ist, a. 6.

c. Das menschliche Gesetz, qu 95.—98. — Weil jene obersten moralischen Grund=
sätze von bösen Menschen in Einzelfällen oft auch nicht gezogen und dadurch Störungen
in der Societät verursacht werden können, so ist nothwendig, daß es neben dem Naturgesetz
auch noch öffentliche Gesetze gebe, qu. 95. a. 1. Dieselben sind dann aber selbst nur wieder
ein Ausfluß des Naturgesetzes und zwar entweder Conclusionen aus demselben oder nähere
Determinationen desselben, a. 2. Darum ist das menschliche Gesetz eine mensura men-
surata. b. i. eine nach dem göttlichen Gesetz bestimmte Richtschnur, für das sittliche Handeln
zum Wohle der Societät erlassen, a.3., und wird eingetheilt in ein Völkerrecht und Civilrecht ec.a.4.
— Da nun das Gesetz für das Gemeinwohl, bonum commune, da ist, so muß es so gefaßt
werden, daß es dem Staate wirklich nützt; das ist aber nur der Fall, wenn es ausführbar,
possibilis, ist, deshalb kann es weder alle Fehler verbieten, sondern nur die wichtigern, „ohne
deren Verhinderung die menschliche Gesellschaft nicht bestehen kann", qu. 96. a. 2., noch auch
kann es alle Tugenden gebieten, sondern vorzüglich nur diejenigen, die zum öffentlichen Wohle
nothwendig, a. 3. Sind aber die Gesetze also gerecht erlassen, b. i. sind sie für's allgemeine
Wohl, mit richtiger Vertheilung der Lasten vom legitimen Gesetzgeber gegeben, so verpflichten sie
im Gewissen, a. 4; nur kann, weil das Gesetz nicht alle Fälle vorsieht und es unter Umständen
wörtlich gefaßt auch gegen das Gemeinwohl gehen könnte, eine Dispensation, und wo ein peri-
culum in mora, die Epikie eintreten, a. 6. — Auch kann, da alles Menschliche vervollkomm=
nungsfähig sowie wegen anderer Gestaltung der Verhältnisse, auch eine Veränderung der Gesetze
als geboten erscheinen, qu. 97. Doch soll dies nicht zu oft und nur wegen einem sehr bringenden
Grunde geschehen, da durch zu öfteres Aendern die Gewohnheit, dieses mächtige Förderniß der
Gesetzesbeobachtung, nicht sich bilden kann, a. 2.

d. Das alttestamentliche Gesetz, qu. 98.—106. — Nebst dem Naturgesetz und
menschlichen Gesetz gibt es noch ein göttliches Gesetz zur Regelung der religiösen Angelegen=
heiten. Dahin gehört vorab das alttestamentliche Gesetz; es kann dasselbe im Allgemeinen
und im Besondern untersucht werden. Im Allgemeinen kommt dabei in Betracht sein Wesen
und seine Eintheilung. Bezüglich des Wesens wird besonders gegen den Antinomismus aus=
geführt, daß es ein gutes und von Gott stammendes war, qu. 98. Eingetheilt wird es in
ein Moralgesetz, Ceremonialgesetz und richterliches (bürgerliches) Gesetz, zu deren Beobachtung,
dem unvollkommenen alttestamentlichen Standpunkt entsprechend, mehr irdische Versprechungen
als die höchsten Motive antrieben, qu. 99. -- Im Einzelnen werden nun diese drei Arten
Gesetze sehr weitläufig betrachtet: das Moralgesetz, qu. 100., besonders unter dem Gesichts=
punkt des Dekaloges, der speculativ besprochen, a. 3.—9., und auch die Frage negativ beant=
wortet wird, ob die bloß natürliche Beobachtung des Moralgesetzes den Menschen rechtfertige,

a. 12.; das Ceremonialgesetz, qu. 101.—104., und dies nach seinem Wesen, qu. 101., das in Ordnung des Gottesdienstes durch sacrificia, sacramenta, sacra und observationes, zugleich mit vorbildlicher Bedeutung auf Christus hin, besteht; nach seinem Zwecke, qu. 102., der einerseits der Dienst Gottes, die Verhinderung der Idololatrie, Danksagung 2c., andererseits die typische Hindeutung auf Christus und die Kirche war, a. 2., was nun für die vier Bestandtheile des Cultus: Opfer, a. 3., sacra oder Cultgegenstände, a. 4., Gnadenmittel, sacramenta, a. 5., und observationes, religiöse Gebräuche, z. B. bei Gebet und Speise, a. 6., speciell nachgewiesen wird; endlich wird die Dauer des Ceremoniengesetzes erörtert, qu. 103., und mit Rücksicht besonders auf des heiligen Paulus Kampf gegen das „Gesetz" gezeigt, daß dasselbe nicht rechtfertigen konnte, nur indirect in Verbindung mit dem Glauben auf den kommenden Erlöser, a. 2., und darum auch mit dem Erscheinen desselben nicht mehr als ein lebendiges, sondern nur noch eine Zeit lang als die verstorbene „Mutter Synagoge" geehrt werden durfte, a. 4. — Bezüglich der richterlichen oder bürgerlichen Gesetze, qu 105., wird besonders deren Vorzüglichkeit vor den heidnischen Gesetzen in der Ordnung der socialen Verhältnisse z. B. der Stellung des Weibes, der Sklaverei 2c. ausgeführt, qu. 106., cf. a. 4.

c. Das neutestamentliche Gesetz, qu. 106.—109., ist eigentlich mehr ein inneres, der Seele eingegossenes als ein geschriebenes Gesetz: es ist wesentlich „das Gesetz der Gnade", a. 1., darum hat es, weil eben die Gnade rechtfertiget, rechtfertigende Kraft, a. 2. — Es wurde erst im letzten Zeitalter der Menschheit gegeben, weil sie zuerst die Phasen des Irrthums durchmachen sollte, um zur Erlösungsbedürftigkeit zu kommen, a. 3., und es soll, was gegen die Apokalyptiker jener Zeit und die Montanisten besonders betont wird, dauern bis an's Ende der Zeiten, und nicht folgt auf dasselbe noch ein höheres Gesetz des heiligen Geistes, a. 4. — Bei einer Vergleichung des neuen Gesetzes mit dem alten, qu. 107., ergibt sich, daß sich das neue zum alten verhält wie das Gesetz der Liebe zu dem der Furcht, wie das Vollkommene zum Unvollkommenen, a. 1., wie die Erfüllung zur Verheißung, da jetzt die Rechtfertigung durch dasselbe vermittelt wird, a. 2.; ferner ist das alte im neuen enthalten wie der Keim in der Frucht, a. 3., und ist das neue leichter in Bezug auf äußere Observationen, schwerer in Bezug auf den innern Geist der Tugend, a. 4. — Dem Inhalt nach, qu. 108., schreibt das neue Gesetz auch einen gewissen äußern Cultus vor, aber einen einfachern als das alte, und auch äußere gute Werke, sofern sie der Ausdruck des innern Gnadenlebens sind, aber nicht jene vielen Observationen des alten Testamentes, weshalb es im Gegensatz zu jenem als das „Gesetz der Freiheit" erscheint, a. 1. und 2. Dagegen bringt es, speciell in der Bergpredigt, um so mehr auf das Innerliche der Religion, a. 3., aber fordert für die große Menge passend nur das Nothwendige, während es für die nach besonderer Vollkommenheit Strebenden die evangelischen Räthe hat, a. 4.

2. Die Gnade, qu. 109.—114. — Das andere äußere Princip für die guten Handlungen ist die Gnade, indem der Mensch durch sie zum Guten unterstützt wird. Auch an ihr sind ihr Wesen, ihre Ursachen und ihre Wirkungen zu betrachten. (Vgl. Eltg. zur qu. 109.)

a. Wesen der Gnade, qu. 109.—112. Betreffs derselben ist zu untersuchen ihre Nothwendigkeit, Wesen und Eintheilung.

α. Nothwendigkeit der Gnade, qu. 109. — Die Gnade ist das Princip des übernatürlich Guten. Deshalb ist dem Menschen auf intellectuellem Gebiete die Gnade nicht nothwendig zur Erkenntniß der natürlichen Vernunftwahrheiten, wohl aber zur Erkenntniß übernatürlicher Wahrheiten, a. 1.; ebenso vermag der Mensch auch von Natur ohne Gnade natürlich Gutes zu thun, obwohl ihm dieselbe im „gefallenen Zustand" auch hiezu wenigstens moralisch nothwendig ist, dagegen zum übernatürlichen Guten ist sie absolut nothwendig, a. 2.

Aehnlich verhält es sich mit der Liebe Gottes, a. 3. Dagegen, sollen diese guten Acte für die Erlangung der Seligkeit verdienstlich sein, so kann dies nur im Stande der Gnade geschehen, da das Verdienst dem Lohne proportional sein muß, dieser aber ein übernatürlicher ist, a. 5. Weil die Gnade so etwas rein Uebernatürliches, so kann sich auch der Mensch nicht durch natürlich gute Acte darauf genügend vorbereiten, a. 6.; er kann sich ohne sie auch nicht bekehren, in dem Sinn, daß er von sich aus auch alle Folgen der Sünde wie die Sündenmakel aufheben könnte, denn dazu ist die Wieder-Erleuchtung durch die Gnade nothwendig, a. 7. Auch sich im gefallenen Zustand von Sünde, besonders schwerer, frei zu halten, ist nur durch Unterstützung der Gnade möglich, a. 8., und sogar der Erlöste bedarf dazu der beständigen actuellen Gnadenhilfe, da nicht alle Sündenfolgen in ihm aufgehoben sind, a. 9.; ein specielles Gnadengeschenk sodann ist die endliche Beharrlichkeit, a. 10. Besonders letztere Punkte werden speciell gegen den Pelagianismus betont.

β. Das Wesen der Gnade, qu. 110. — Als solche Einwirkung auf die Seele ist die Gnade nicht nur etwas in Gott, nämlich seine Huld, sondern auch ein Zeichen oder Geschenk seiner besonderen Liebe in der Seele, a. 1., und zwar eine übernatürliche in sie eingegossene Qualität, a. 2., wodurch der Mensch nicht etwa nur diese oder jene Tugend, z. B. die Liebe, erhält, sondern durch eine Art Durchleuchtung der göttlichen Natur in accidenteller Weise theilhaftig und dadurch ein Kind Gottes wird, a. 3. und 4.

γ. Eintheilung der Gnade, qu. 111. — Als solche Qualität bildet die Gnade die Grundlage der übernatürlichen Ordnung und verhält sich darum in ihr wie die Anlagen in der natürlichen Ordnung. Wie diese theils zum Besten des Einzelnen, theils für Andere da sind, so die Gnade; darum gibt es eine gratia gratum faciens heiligmachende und gratis data oder Amtsgnade, a. 1., eine zuvorkommende und mitwirkende, a. 2. und 3. :c.

b. Ursache der Gnade, qu. 112., ist allein Gott, da sie „alles Vermögen der Natur übersteigt..., indem sie eine Art Theilnahme an der göttlichen Natur ist"..., die den Menschen vergöttlicht, »deificet« und ihn zur „Theilnahme an der göttlichen Natur" zu einer Art „Theilnahme an der (specifischen) Aehnlichkeit Gottes erhebt", a. 1. Darum vermag auch der Mensch nicht von sich aus sich darauf vorzubereiten, sondern die entsprechende Disposition muß selbst durch (actuelle) Gnade geschehen, a. 2. Er kann deshalb auch die Gnade nicht verdienen, wie die Semipelagianer meinten, a. 3., sondern sie ist ein freies Geschenk Gottes, das darum auch in dem Einen größer sein kann als in dem andern, a. 4., und über dessen Besitz man nur moralische Gewißheit haben kann, a. 5.

c. Die Wirkung der Gnade, qu. 113.—114., ist eine doppelte, eine der gratia operans oder der ersten Eingießung der Gnade und das ist die Rechtfertigung, und eine der gratia cooperans und das ist die Verdienstlichkeit der guten Werke.

α. Die Rechtfertigung, qu. 113., ist eine Versetzung des Menschen vom Stand der Ungerechtigkeit in den der Gerechtigkeit, a. 1. Dazu ist aber nothwendig die Sünden-Nachlassung, was durch eine herablassende Versöhnung Gottes mit uns geschieht, deren Ausdruck die Eingießung der Gnade ist, weshalb diese die erste Bedingung der Rechtfertigung, a. 2. Ist so das erste in der Rechtfertigung die Hinbewegung Gottes zum Menschen, so muß nun aber auch der Mensch (wenigstens der zum Vernunftgebrauch Gelangte) das Seinige thun; er muß sich auch zu ihm hinbewegen durch den Anfang der Liebe, a. 3., durch den Glauben, a. 4., und durch Abwendung von der Sünde, a. 5. — Sodann wird die Sündenschuld nachgelassen, a. 6. Das Mittel dazu aber ist die Eingießung der heiligmachenden Gnade im Sacrament der Wiedergeburt; insofern vollzieht sich die Rechtfertigung im Moment der Eingießung (und ist nicht identisch mit jener Sinnesänderung, die nur deren Vorbereitung ist), a. 7., ja in der causalen Ordnung folgen sich die Acte der Rechtfertigung so aufeinander: das erste ist die Eingießung der Gnade; das zweite die Hinbewegung des Menschen zu Gott in Liebe, das dritte die Abwendung von der Sünde und das vierte endlich die Nachlassung der Schuld, a. 8., so daß die ganze Rechtfertigung wesentlich in der Gnade Gottes wurzelt und eines ihrer größten Wunderwerke ist, a. 9. und 10.

β. Die Verdienstlichkeit der guten Werke, qu. 114. Ist die Wirkung der Eingießung der Gnade die Rechtfertigung, so die Verdienstlichkeit der guten Werke die der eingegossenen gratia cooperans. Das Rechtsverhältniß eines Lohnes im strengen Sinn kann nämlich schon überhaupt zwischen Creatur und Gott nicht eintreten, außer Gott ordne es so an aus Güte, a. 1. Darum kann noch weniger der Mensch von sich aus einen übernatür= lichen Lohn verdienen durch seine natürlichen Werke, da hier keine Proportion zwischen Ver= dienst und Lohn wäre; soll er das, so ist ihm die Gnade dazu nothwendig, a. 2., in und mit dieser verdient er dann aber strengrechtlich, ex condigno, den Himmel, denn durch sie ist er zum Adoptivkind Gottes erhoben und ist so auch Erbe der göttlichen Seligkeit oder die Gnade ist gleichsam der übernatürliche Same, aus dem jene Frucht herauswächst, a. 3., und zwar hängt die Verdienstlichkeit vorzüglich von der Liebe ab, a. 4. — Umgekehrt kann ohne die Gnade der Mensch nichts Uebernatürliches verdienen: nicht die Gnade selbst, a. 5. (contr. Semipelag.), nicht dieselbe für einen Andern, a. 6., nicht seine Bekehrung, a. 7. — In der Gnade aber verdient er nicht nur den Abschluß der Gnade, die Seligkeit, sondern auch den Fortschritt dazu, also die Vermehrung der Gnade, a. 8., nicht aber die Beharrlichkeit, a. 9., und auch nicht direct irdische Güter, sondern nur insofern sie zum ewigen Endziel verhilflich sind, a. 10.

Zweite Abtheilung.

Specielle Moral.

Nach der allgemeinen Betrachtung der sittlichen Acte und Principien sind nun die sitt= lichen Tugenden im Einzelnen zu bestimmen, wo dann zugleich am passendsten die die Tugenden persicirenden Gaben, die der Tugend entgegenstehenden Fehler und die betreffenden Gebote mitbehandelt werden. Den ganzen Tractat durchzieht dabei der Grundgedanke: daß die Tugend besteht in der richtigen Regelung der Strebungen und Triebe durch die Vernunft und übernatürlich vollendet wird durch die Gnadengaben. — Die Tugenden sind aber theils solche, die den Menschen aller Stände zukommen sollen, theils bestimmte Standestugenden und besondere Gnadengaben, und darnach zerfällt die Abhandlung in zwei Theile. (Vgl. Eilg.)

I. Die allgemeinen Tugenden und Pflichten, qu. 1.—171.

Diese zerfallen selbst wieder in die sog. drei theologischen Tugenden und die vier Car= dinaltugenden. **A. Die theologischen Tugenden**, qu. 1.—47.

1. Der Glaube, qu. 1.—17. — An demselben kommen nach der obigen Vorbemerkung zur Betrachtung: sein Wesen, die mit ihm verbundenen Gaben, die ihm entgegenstehenden Sünden und die auf ihn bezüglichen Gebote.

a. Wesen des Glaubens, qu. 1.—8. — Der Glaube im objectiven Sinn oder das Object des Glaubens, qu. 1., ist das Geoffenbarte, a. 1. und 2., das absolut gewiß, das bezüglich der Vernunftwahrheiten auch in Wissen umgesetzt werden kann, a. 4. und 5., das passend in gewisse Artikel zusammengefaßt ist, 6.—10., und worüber endgültig der Papst zu entscheiden hat, a. 10. — Glaube im subjectiven Sinn ist zunächst die innere Zustimmung zu dem Geoffenbarten, qu. 2.; es ist dieser Glaube zur Seligkeit nothwendig, a. 3.—9., und verdienstlich, a. 10.; es ist aber auch das äußere Bekenntniß geboten, qu. 3. — Als solcher ist der Glaube eine Tugend, qu. 4.—8, die der Apostel richtig definirt als substantia sperandarum rerum, argumentum non aparentium, Hebr. 11. 1, und die zunächst im Intellect haftet aber durch die Liebe vollendet wird, qu. 4. Auch den in Liebe nicht thätigen Glauben kann aber nur derjenige haben, der alle Artikel annimmt, qu. 5. Ihre Ursache, qu. 6., hat sie in Gott, da sie und zwar auch der todte Glaube eine virtus infusa ist. Ihre Wirkungen, qu. 7., sind timor und purificatio cordis, a 1 und 2.

b. Die Gaben des Glaubens, qu. 8.—10. Die Gnade des Glaubens wird noch versirt durch gewisse Gaben des hl. Geistes. Diese sind zunächst das donum intellectus, des Verstandes, qu. 8., es geht besonders auf das theoretische richtige Verständniß der Wahrheit und findet sich mehr oder weniger in Allen, die im Stand der Gnade sich befinden, nicht aber in den andern; ihm entspricht die sechste beatitudo: beati mundo corde und das gaudium fidei. — Ein anderes donum ist das der Wissenschaft, qu. 9.; es geht auf die richtige Erkenntniß, was Glaubenssache sei oder nicht, und ihm entspricht die dritte beatitudo: qui lugent.

c. Die Sünden gegen den Glauben, qu. 10.—16., können solche sein, die dem Glauben als solchem entgegenstehen: es ist das der Unglaube, dessen Unterarten sind: das Heidenthum, die Häresie und die gänzliche Apostasie, qu. 10.—13.; dann solche, die dem Bekenntniß des Glaubens widersprechen, und das ist die Blasphemie und die Sünde gegen den heiligen Geist, qu. 13.—15.; und endlich solche, die den Gaben des Glaubens entgegengesetzt sind, nämlich die Verblendung des Geistes und der religiöse Stumpfsinn, die besonders in den Fleischessünden ihren Grund haben, qu. 15. Die Sünden gegen den Glauben werden als die schwersten dargestellt und zwar in der angegebenen fortschreitenden Ordnung.

d. Pflicht und Gebote des Glaubens, qu. 16. Der Glaube ist die Voraussetzung des ganzen religiösen Lebens, deshalb fällt wenigstens der Glaube an Gott nicht so fast unter die Gebote, als er ist das nothwendig vor allem Gebot Geforderte; dagegen beziehen sich schon im alten Bund Gebote auf die Gaben des Glaubens, im neuen besonders auf die Mysterien.

2. Die **Hoffnung**, qu. 17.—23. – a. Wesen der Hoffnung, qu. 17.—19. Die Hoffnung geht auf die ewige Seligkeit als auf ihr Object, sie setzt als solche den Glauben voraus und geht auch logisch der Liebe voran, qu. 17. — Ihr Subject ist der Wille, und sie kann weder in den Seligen noch in den Verdammten sich noch finden, sondern nur im Erdenpilger, qu. 18.

b. Die Gabe der Hoffnung, qu. 19., ist die Furcht. Man unterscheidet einen timor filialis, initialis, servilis und mundanus. Die Furcht als Gabe des hl. Geistes ist der timor filialis, wenn auch nicht nothwendig mit Ausschluß des servilis und hat zu seiner Wirkung „den Anfang der Weisheit", da er Alles auf's rechte Ziel hinordnen lehrt. — Die ihm entsprechende beatitudo ist die paupertas spiritus.

c. Die Sünden gegen die Hoffnung, qu. 20.—22., sind die Verzweiflung und das falsche Vertrauen. Jene geht direct gegen die Hoffnung und wurzelt in der Sinnlichkeit oder der acedia, der geistlichen Trägheit, qu. 20.; dieses steht zunächst im Gegensatz zum donum timoris, im tiefsten Grunde ist es aber eine falsche Hoffnung, die gerne im Hochmuth wurzelt, qu. 21.

d. **Die Gebote zur Hoffnung**, qu. 22., sind auch noch, wie die zum Glauben, mehr eine Art præambula zu den eigentlichen Moralgeboten oder dann eine Ergänzung derselben, um die Menschen durch Vorhalten des Lohnes zur Beobachtung der Gebote anzuspornen. Aehnlich verhaltet es sich mit der Aufforderung zur Furcht.

3. **Die Liebe**, qu. 23.-47. — Auch an ihr sind zu bestimmen das Wesen, die ihr entgegenstehenden Sünden, die Gebote, die Gaben der Liebe.

a. **Das Wesen der Liebe**, qu. 23.—34. — Subjectiv bestimmt, qu. 23., ist die Liebe eine besondere Freundschaft mit Gott, und zwar eine übernatürliche durch die Gnade bewirkte inclinatio, Neigung zu Gott, a. 2.; als solche ist sie eigentlich die forma oder das belebende Princip aller Tugenden, a. 8. — Ihr Subject oder Träger, qu. 24., ist der intellective nicht sensitive Wille, doch ist sie demselben durch den heiligen Geist eingegossen, a. 2. und 3.; darum kann sie auch vermehrt werden und hat verschiedene Grade, a. 4.—10.; umgekehrt kann sie aber auch vermindert und aufgehoben werden, a. 10.—12. — Ihr Object, qu. 25.- 27., ist selbstverständlich zunächst Gott, dann redundirt sie aber auch auf seine Geschöpfe und wird so zur Nächstenliebe, Feindesliebe und christlichen Selbstliebe, selbst die Natur indirect in sich befassend, a. 1.—12; doch besteht dabei eine gewisse Ordnung der Liebe, qu. 26.: über Alles ist Gott zu lieben, dann mehr das Ich als der Nächste, a. 4., doch mehr der Nächste bezüglich seines Seelenheils als der eigene Leib, a. 5.; unter den Nächsten selbst wieder zunächst die Verwandten und Bekannten und dann die Fernerstehenden, a. 6.—13. — Die Acte der Liebe, qu. 27.—34., sind zunächst der Liebesact selbst, qu. 27., der nach Vereinigung mit Gott strebt, a. 2.—8, daraus resultiren aber andere Acte gleichsam als Effecte und zwar zunächst innere, dann äußere Wirkungen der Liebe.

α. **Die innern Wirkungen der Liebe**, qu. 28.—31., sind Freude, Friede und das Mitleid: — die Freude, qu. 28., als geistige Freude, die schon hienieden die höchste ist, aber sich erst im Jenseits vollendet; der Friede, qu. 29., indem die Liebe die richtige Ordnung aller Strebungen im Menschen und so die Ruhe herstellt; das Mitleid, qu. 30., das dem Nächsten das fehlende Gute will.

β. **Die äußern Wirkungen der Liebe**, qu. 31.—34., sind die Wohlthätigkeit, das Almosen und die brüderliche Zurechtweisung: — Die Wohlthätigkeit, qu. 31., indem das Wohlwollen der Liebe eigen und dieses zum Wohlthun treibt, a. 1.—4.; das Almosen, qu. 32., wo man um Gottes Willen einem Dürftigen gibt (vgl. über die Pflicht des Almosengebens und die leiblichen und geistigen Werke der Barmherzigkeit ꝛc., a. 1.—10.); die brüderliche Zurechtweisung, qu. 33., die eine Art geistliches Almosen ist (ihre Pflicht ꝛc., a. 1.-8.).

b. **Die Sünden gegen die Liebe**, qu. 34. 44., stehen den bisher betrachteten Tugenden und Wirkungen entgegen: der Liebe selbst der Haß, qu. 34. (gegen Gott und den Nächsten); der Freude die acedia oder geistliche Trägheit resp. Verdrossenheit, qu. 35., und der Neid, qu. 36., der eine Trauer über das Gut des Nächsten ist; dem Frieden: innerlich im Herzen die Uneinigkeit, qu. 37., im Wort der Streit, qu. 38., im Werke das Schisma, qu. 39., als Zerreißung der kirchlichen Einheit, der Krieg als Aufhebung des bürgerlichen Friedens, qu. 40. (über dessen Erlaubtheit ꝛc., cf. a. 1. ꝛc.); der Zank, qu. 41., und die Empörung, qu. 42., die niemals zulässig, a. 2., und endlich gegen das Wohlthun, besonders das Aergerniß, das zum Verderben des Nächsten gereicht, qu. 43. (Vgl. über das scandal. pusillor etc. a. 1.—8.)

c. **Die Gebote der Liebe**, qu. 44. Da die Liebe die Formalursache aller andern

Tugenden ist, so mußten besonders für sie Gebote gegeben werden, und zwar passend die zwei: der Liebe gegen Gott und den Nächsten (die näher erklärt werden, a. 4.—8.).

d. Die Gabe der Liebe, qu. 45., ist die Weisheit, denn sie besteht in dem richtigen Werthschätzen der Dinge und dem Hinordnen von Allem auf das letzte Ziel; das aber ist der Liebe eigen. Sie ist eine Gabe des hl. Geistes und ihr entspricht die siebente beatitudo: beati pacifici. a. 1.—6. — Ihr steht entgegen die Thorheit, qu. 46., die in dem Mangel des rechten Sinnes für das Himmlische und dem Untergehen im Irdischen besteht, weshalb sie vorzüglich als eine filia luxuriæ erscheint.

B. Die Cardinaltugenden, qu. 47.—171.

An denselben kommen in Betracht: ihr Wesen, ihre Theile, die unterschieden werden in subjective, d. i. die Arten der betreffenden Tugend; integrale, d. i. sie vervollständigende Tugenden, und annexe oder potenziale, d. i. damit irgendwie verwandte Tugenden; dann die ihr ent= sprechende, sie perficirende Gabe des hl. Geistes, die entgegenstehenden Sünden und endlich die Gebote, die über sie in der Offenbarung gegeben wurden.

1. **Die Klugheit,** qu. 47.—57., ist die Tugend, die besonders das Gebiet des Intel= lectes vernunftgemäß ordnet.

a. Das Wesen der Klugheit, qu. 47., besteht in dem Vorberechnen des bedingt Zukünftigen und dem richtigen Hinordnen resp. Rathen der Mittel dazu; sie muß deswegen besonders allen Regierenden zukommen, cf. a. 1.—16. — Ihre Theile, qu. 48.—52., sind theils integrale: memoria, gutes Gedächtniß; intelligentia, Einsicht; docilitas, Gelehrigkeit; solertia, Geschicklichkeit; ratio, Ueberlegung; providentia, Voraussicht; circumspectio, Um= sicht; cautio, Vorsicht, qu. 49.; theils subjective: die prudentia sui regitiva, persönliche Klugheit, und die prudentia multitudinis directiva, Staatsklugheit oder Politik, qu. 50. (cf. ib. über Staatsklugheit, Oekonomie und militärische Klugheit); theils potenziale: die eubulia, guter Rath; synesis, practisches Urtheil und gnome, weises Urtheil, qu. 51. Alle Bethätigungen, die, wenn sie auf ein gutes Ziel gerichtet werden, Tugenden sind, welche die Gnade noch vervollkommnet (cf. qu. 47., a. 13.—15.). Dies geschieht besonders durch:

b. Die Gabe des Rathes, qu. 52. Sie ist die der Klugheit entsprechende, sie über= natürlich perficirende Gabe des hl. Geistes, der als beatitudo die fünfte: „selig die Barm= herzigen", entspricht, da besonders durch den Rath den Hilfsbedürftigen durch die Barmherzigen geholfen wird, a. 1.—4.

c. Die Sünden gegen die Klugheit, qu. 53.—56., sind theils solche, die im Gegensatz zur Klugheit oder einer damit verbundenen Tugend stehen, qu. 53.—55., theils solche, die eine falsche Aehnlichkeit mit ihr haben. — Zu erstern gehören die Unklugheit, mit der zugleich ver= bunden sind die Voreiligkeit, Unbesonnenheit und Unbeständigkeit, qu. 53., dann die Nachläs= sigkeit, qu. 54.; zu letztern gehören: die Weltklugheit, die Verschlagenheit, List und Betrug, qu. 55.; erstere entspringen mehr aus der Sinnlichkeit, letztere aus der avaritia, der Geld= gier, ib.

d. Die Gebote der Klugheit, qu. 56. Im Dekalog findet sich kein auf die Klug= heit bezügliches Gebot, wohl aber finden sich in der Bibel besonders viele Warnungen vor den der wahren Klugheit widersprechenden Fehlern, a. 1. und 2.

2. **Die Gerechtigkeit,** qu. 57.—123., ist die das Willensgebiet, besonders nach seiner äußern Bethätigung, regelnde Tugend.

a. Wesen der Gerechtigkeit, qu. 57.—61. — Die Gerechtigkeit geht auf die „rechte" Ausgleichung der gegenseitigen Rechtsverhältnisse; ihr Object, qu. 57., ist daher das Recht,

— 63 —

das in ein natürliches und positives zerfällt. Die Gerechtigkeit, qu. 58., besteht nun in dem habituellen Willen, dieses Recht gegen Jedermann zu beobachten; sie ist also besonders die Regelung der Beziehung zu Andern, commensuratio ad alterum, jedem zu geben was ihm gebührt, a. 11., und ist so die Haupttugend in der socialen Ordnung. — Ihr Gegensatz ist die Ungerechtigkeit, qu. 59., die eine absichtliche oder unbeabsichtigte sein kann; deßhalb ist unter Umständen über das, was Rechtens ist, ein Entscheid oder Richterspruch, judicium, nothwendig, qu. 60. (Näheres über das Gericht, a. 1.—6.)

b. Die Theile oder Arten der Gerechtigkeit, qu. 61.—121. — Man unterscheidet subjective, integrale und potentiale Theile der Gerechtigkeit. Die ersten begründen den Unterschied von distributiver und commutativer Gerechtigkeit.

α. Die obrigkeitliche und bürgerliche Gerechtigkeit, qu. 61.—79. Die justitia distributiva besteht in der gerechten Vertheilung von Rechten und Pflichten resp. Lasten unter den Unterthanen durch die Obrigkeit; die justitia commutativa besteht in der gegenseitigen Gerechtigkeit der Bürger unter sich, qu. 61. Wo die letztere verletzt wird, muß die Restitution eintreten (cf. de restitutione, qu. 62. a. 1.—8.) — Verletzungen aber können sowohl gegen die distributive wie gegen die commutative Gerechtigkeit eintreten.

Der Fehler gegen die distributive Gerechtigkeit ist besonders die personarum acceptio, qu. 63., die falsche Rücksicht auf die Person, die sich in Austheilung der Aemter, im Gericht zc., geltend machen kann.

Die Sünden gegen die commutative Gerechtigkeit, qu. 64.—97., sind theils gewaltsame Eingriffe in die Rechte Anderer durch Wort und Werke; durch Werke: dahin gehören die Tödtung, qu. 64. (cf. ib. über die Erlaubtheit der Todesstrafe, a. 2. und 3.; über den Selbstmord, a. 5.), und die Körperverletzung, qu. 65. (vgl. über die Erlaubtheit der körperlichen Züchtigung, a. 2.); dann am Eigenthum: der Diebstahl und Raub, qu. 66. (vgl. über das Eigenthumsrecht, a. 1.); durch Worte: dahin gehören: das ungerechte richterliche Urtheil, qu. 67.; falsche Anklage, qu. 68.; falsche gerichtliche Vertheidigung, qu. 69.—72.; dann außer dem Gericht: die Verläumdung, qu. 72.; Ehrabschneidung, qu. 73.; Ohrenbläserei, qu. 74.; Verspotten, qu. 75., und Verwünschen, qu 76. — Theils sind die Ungerechtigkeiten nicht gewaltsame; dahin gehören: der Betrug in Kauf und Verkauf, qu. 77., und der Wucher, qu. 78.

β. Die Gerechtigkeit integrirende, sie vervollständigende Tugenden, qu. 79., sind: die Beobachtung der Pflichten gegen Gott und den Nächsten überhaupt und ein allfälliges Gutmachen der Verletzung derselben, a. 1.; verletzt aber können sie werden durch Uebertretung, a. 2., oder Unterlassung, a. 3. und 4.

γ. Der Gerechtigkeit annexe, ihr verwandte Tugenden, qu. 80.—121. Es gibt aber auch noch Tugenden, die eine Verwandtschaft mit der Gerechtigkeit haben, insofern auch bei ihnen eine Art Pflichterfüllung gegen eine andere Person sich findet, aber nicht nach dem strengen Maß der Gerechtigkeit, entweder indem eine genügende Vergeltung nicht möglich, oder indem nicht eine strengrechtliche Verpflichtung, sondern nur eine Ehrenpflicht oder Billigkeitspflicht da ist. Zu der erstern Art gehört: die religiöse Pflicht gegen Gott; die Pietätspflicht gegen die Eltern und die Pflicht der Verehrung gegen Höhere; zu letzterer Art gehört: die Ehrlichkeit, Erkenntlichkeit, Wiedervergeltung und Freundlichkeit, qu. 80. (Eintheilung.)

Die Religion, qu. 81.—101., ist ihrem Wesen nach die Pflichterfüllung gegen Gott, dem eben für seine Wohlthaten nicht äqual vergolten werden kann, qu. 81. — Ihre Acte sind theils innere, theils äußere; innere: die Frömmigkeit, qu. 82., und das Gebet, qu. 83; äußere: solche wo Gott etwas gezollet wird, wie die Anbetung, qu. 84., das Opfer, qu. 85. Erstlingsgaben, qu. 86., Zehnten, qu. 87., und Gelübde, qu. 88., oder solche, wo Gott für etwas in Zeugenschaft genommen wird, wie im Schwur, qu. 89., oder die Betheuerung im Namen Gottes, qu. 90. und 91. — Die Sünden gegen die Religion sind theils solche, die mit ihr etwas Aehnliches haben, aber eine Verzerrung derselben sind und dahin gehört der Aberglaube, qu. 92., mit seinen verschiedenen Arten, wie: die Frömmelei, qu. 93., die Idololatrie, qu. 94., die Wahrsagerei durch Teufelsbeschwörung, Traumdeuterei ꝛc., qu. 95., und die Magie, qu. 96.; theils solche die ihr conträr entgegenstehen: sei es als Irreligiösität gegen Gott, wie in der Versuchung Gottes, qu. 97., oder im Meineid, qu. 98., sei es als Ehrfurchtslosigkeit gegen hl. Dinge, wie im Sacrileg, qu. 99., und bei der Simonie, qu. 100.

Die Pietät, qu. 101., besteht in der Erweisung der schuldigen Ehre gegen Eltern, Verwandte und Landsleute; — die Observanzen (Etiquette), in der Erweisung der schuldigen Ehre gegen höher Gestellte, qu. 102., die sich äußerlich ausspricht im cultus duliae in Ehrenbezeugung, qu. 103., und bethätiget im Gehorsam gegen ihre Befehle, qu. 104., während sie verletzt wird durch den Ungehorsam, 105.

Die Billigkeitspflichten sind: die Dankbarkeit, qu. 106., für Gutes, deren Gegentheil, die Undankbarkeit, qu. 107., während die Vergeltung für Böses zur vindicatio führt, qu. 108, die als gerechte Abstrafung erlaubt ist, a. 2.—4. — Eine Ehrenpflicht gegen die Mitmenschen ist die veritas, qu. 109., die Wahrhaftigkeit; ihr steht entgegen die Lüge, qu. 110., die Heuchelei, qu. 111., die Großthuerei, qu. 112., und die Verstellung, qu. 113. — Eine fernere Ehrenpflicht ist die Freundlichkeit im Umgang, qu. 114., deren falsches Zerrbild die Schmeichelei, qu. 115., ihr Gegentheil aber mürrisches Wesen, qu. 116. — Eine Pflicht der Nächstenliebe ist die Freigebigkeit, qu. 117., gegen die man sich verfehlt per defectum, durch den Geiz, qu. 118., per excessum. durch die Verschwendung, qu. 119. Endlich ist eine der Gerechtigkeit innere Tugend, daß man die Gesetze gerecht und vernünftig auslegt, was durch die Epitie geschieht, qu. 120. (Vgl. zur ganzen Eintheilung. Aristot. Eth. lib. 8.)

c. Die der Gerechtigkeit entsprechende Gabe, qu. 121., ist die pietas, das durch den hl. Geist vervollkommnete Pietätsgefühl gegen Gott als den Vater, a. 1.; ihr entspricht die zweite der acht Seligkeiten »beati mites«, a. 2.

d. Gebote der Gerechtigkeit, qu. 122., sind ausdrücklich alle Gebote des Dekaloges, a. 1., und zwar beziehen sich die drei ersten Gebote auf die religiösen Pflichten gegen Gott, a. 2.—5, das vierte auf die Pietätspflichten gegen die Eltern, a. 5., die andern Gebote auf die Gerechtigkeitspflichten gegen den Nächsten, a. 6.

3. **Die Starkmuth**, qu. 123.—141. — Sie ist die Tugend, die der Irascibilität entspricht.

a. Wesen, qu. 123.—128. Das Wesen der Starkmuth besteht in der vernunftgemäßen Regelung von Furcht und Kühnheit, qu. 123. a. 3., sie macht sich besonders geltend in der Gefahr, a. 4.—11., und zeigt sich deshalb am schönsten im Martyrium, qu. 124. — Die ihr entgegengesetzten Fehler sind die vernunftwidrige Furcht, qu. 125., die blinde Furchtlosigkeit, qu. 126., und die ungezügelte Kühnheit, qu. 127.

b. Die die Starkmuth integrirenden vervollständigenden Theile, qu. 128. (Eintheilung) — 139., sind beim Angreifen eines großen oder schwierigen Werkes: die Großsinnigkeit, qu. 129., als Streben nach Großem, besonders Ehren, und damit verbunden das Selbstvertrauen und die Sicherheit, a. 6. und 7.; ihr steht entgegen als Fehler per excessum: die Selbstüberschätzung, qu. 130., die Ehrsucht, qu. 131., und Ruhmsucht, qu. 132., als Fehler per defectum, der Kleinmuth, qu. 133. — Eine fernere Tugend in der Uebernahme von Großem ist die Liberalität in Geld und Aufwand, qu. 134., und ihr Gegentheil ist die Kärglichkeit, qu. 135. — Beim Ausharren in großen oder schweren Unternehmungen erscheinen als Tugenben: die Geduld, qu. 136., und die Beharrlichkeit, qu. 137., (die als Beharrlichkeit bis an's Ende eine besondere Gnade ist, a. 4.) und damit verbunden die Standhaftigkeit, a. 3., denen als Fehler entgegenstehen: die Weichlichkeit, qu. 138. a. 1., oder dann als unverständige Beharrlichkeit die Hartnäckigkeit. a. 2.

c. Die Starkmuth wird auch als Gabe des hl. Geistes aufgezählt, qu. 139., insofern die Gnade es ist, die den Menschen zur Vollendung jedes angefangenen guten Werkes stärkt und ihn besonders zu einem guten Ende führt, a. 1. Dieser Gabe entspricht die vierte Seligkeit: „Selig, die nach der Gerechtigkeit dürsten", a. 2.

d. Die Gebote der Starkmuth, qu. 140., sind, wenn auch nicht so zahlreich wie die zur Gerechtigkeit, doch immerhin in der Schrift gegeben, damit der Mensch nicht ob körperlichen Gefahren sein Seelenheil schädige, cf. Math. 10. 28; und auch für die annexen Tugenden werden Ermahnungen gegeben, a. 2.

4. Die Mäßigkeit, (oder Mäßigung), qu. 141.—171. Sie ist die Tugend, die der Concupiscibilität entspricht.

a. Wesen, qu. 141.—143. Die Mäßigkeit besteht in der vernunftgemäßen Zügelung der sinnlichen Begierlichkeit, resp. dem richtigen Verlangen und richtigen Verschmerzen der sinnlichen Güter zur Erhaltung des Individuums und der Gattung, qu. 141.; ihr steht entgegen als Fehler per defectum die Unempfindlichkeit, wo einer auch das zur Erhaltung der Natur Nothwendige verschmäht; als Fehler per excessum die intemperantia, die Ungezügeltheit, qu. 142.

b. Die Theile der Mäßigkeit, qu. 143.—170. — sind auch hier integrale, subjective und potentiale, qu. 143. (Vgl. b. Einthlg.)

α. Integrale Theile, qu. 144.—146. Die Mäßigkeit wird besonders zu ihrer Vollkommenheit gebracht durch die Schamhaftigkeit, die Scham vor etwas Schändlichem, das der Mäßigkeit, die auf die pulchritudo ordinis, die schöne Geordnetheit geht, am meisten zuwider ist, qu. 144. Mit ihr verwandt ist die Ehrbarkeit oder Anständigkeit, qu. 145.

β. Die subjectiven Theile oder species der Mäßigkeit, qu. 146.—155. Die Mäßigkeit bezieht sich theils auf Essen und Trinken, theils auf das Geschlechtliche.

Die Genüsse im Essen und Trinken werden geregelt durch die Tugend der abstinentia, die Enthaltsamkeit in der Speise, qu. 146., die sich bethätiget besonders im Fasten, qu. 147., während ihr entgegensteht die Genußsucht, gula, qu. 148. — Ferner werden diese Genüsse geregelt durch die Nüchternheit in Bezug auf das Trinken, qu. 149., ihr Gegentheil ist die Trunkenheit, qu. 150.

Die geschlechtlichen Genüsse werden geregelt durch die Keuschheit, qu. 151.; eine gänzliche Enthaltung davon macht die Jungfräulichkeit aus, die aus höhern Rücksichten nicht nur erlaubt, sondern vollkommener als das matrimonium ist, qu. 152. — Das Gegentheil dieser Tugend ist die Unkeuschheit, qu. 153., deren Arten: fornicatio (mit tact. impud. etc.) adulterium, incestus, stuprum, raptus, und die vitia contra naturam sind, qu. 154.

γ. Die potentialen oder annexen Tugenden der Mäßigkeit, qu. 155.—170., sind Tugenden, die in irgend einer Beziehung eine Mäßigung darstellen; und das kann geschehen in den innern Regungen der Seele, dann in deren sinnlichen Aeußerungen, und endlich in den äußern Dingen. (Vgl. Einthlg., qu. 143.)

In den innern Regungen der Seele macht sich die Mäßigung geltend als Enthaltsamkeit, qu. 155., wo sich der Mensch von der Begierlichkeit und überhaupt jeder Passion nicht hinreißen läßt; ihr steht entgegen die Unenthaltsamkeit, qu. 156. — Dahin gehört ferner die

Sanftmuth als Mäßigung der Rachsucht, qu. 157., die dem vernunftwidrigen ungeregelten Zorn entgegensteht, qu. 158., der zur Grausamkeit führen kann, qu. 159).

Die Regelung der Aeußerung der Gemüthsaffectionen führt zur modestia, zur Bescheidenheit, qu. 160.; ihr entspricht die Demuth, qu. 161., und steht entgegen der Stolz, qu. 162, der die erste Sünde der Menschheit war (über die, ihr Wesen, qu. 163., ihre Strafe, qu. 164., und die Versuchung dazu, qu. 165., unter diesem Gesichtspunkt hier ein Excurs eingeschaltet ist); als richtige Regelung der Wißbegierde erscheint die studiositas, qu. 166., als Regellosigkeit hierin die curiositas, qu. 167.

In dem Gebrauch der äußern Dinge zeigt sich die Mäßigung im Anstand, qu. 168., besonders in Scherz und Spiel, a. 2. 4., und in der Anständigkeit der Kleidung, qu. 169. c. Die Gebote der Mäßigkeit, qu. 170., finden sich passend ausdrücklich im Dekalog, nämlich bezüglich der Keuschheit, a. 1.; wie auch zu den annexen Tugenden in der Schrift ermahnt wird, a. 2.

II. Die besondern Tugenden resp. Gnadengaben und Standespflichten, qu. 171.—189.

Gewisse Gnaden, Tugenden und Pflichten kommen nur einzelnen Ständen und Auserwählten zu: es sind das die gratiae gratis datae, die Gnadengaben, die zwei Lebenswege und der Stand der Vollkommenheit, wovon also zum Abschlusse der Moral noch gehandelt werden muß. (Eltg. zu qu. 171.)

1. Die Gnadengaben (gratiae gratis datae, qu. 171.—179.). — Es beziehen sich dieselben theils auf den Intellect und gestalten sich hier zur Gabe der Prophetie, theils auf die Mittheilung und werden so zur Sprachengabe, theils auf das Wirken als Wundermacht. (Eltg. ib.)

a. Die Prophetie (qu. 171.—176.). — Das Wesen der Prophetie, qu. 171., besteht in einer übernatürlichen Erleuchtung des Geistes, wodurch derselbe Mysterien, besonders Zukünftiges erschaut ꝛc., a. 1.—6. — Ihre Ursache, qu. 172., ist darum nicht irgend eine natürliche Kraft oder Disposition, sondern allein die Erleuchtung des hl. Geistes; jene Disposition kann höchstens Hindernisse, z. B. Aufregung des Gemüthes beseitigen. (Vgl. über dämonische Wahrsagerei, a. 5. und 6.) — Die Art und Weise der prophetischen Erleuchtung, qu. 173., geschieht entweder durch äußere sichtbare Zeichen, wie z. B. beim Gastmahl des Balthasar, oder durch innere Phantasiebilder, oder durch das lumen intelligibile, das prophetische Licht, cf. a. 2. — Darnach ergibt sich die Eintheilung der Prophetie, qu. 174., die auch verschiedene Grade haben kann, wovon der höchste der raptus, das Entrücktwerden ist, qu. 175., wie sich das nach 2. Cor. 12, 2. beim hl. Paulus zeigte.

b. Die Gabe der Sprachen, qu. 176.—178., ist eine Gnadengabe, die besonders zur Ausbreitung des Evangeliums verliehen wird, qu. 176., womit sich dann auch noch die Gabe der Rede zur Belehrung und Glaubensvertheidigung verbinden kann, qu. 177.

c. Die Wundergabe, qu. 178., ist eine Ergänzung der vorhergehenden, zur Bekräftigung der vorgetragenen Lehre verliehen, a. 1. und 2.

2. Die zwei Lebenswege, qu. 179.—183. Im christlichen Leben machen sich ferner zwei Hauptrichtungen geltend (symbolisirt in Maria und Martha), die, je nachdem der Mensch sich der einen oder andern zuwendet, seinem ganzen Thun und Denken einen eigenen Charakter geben: es ist das thätige und beschauliche Leben, qu. 179.

a. Das beschauliche Leben, qu. 180, besteht in der Betrachtung der Wahrheit, primär Gottes, secundär seiner Geschöpfe, unter theologischem Gesichtspunkt, a. 4.; es vollzieht sich in audito, lectio, oratio, meditatio, consideratio cogitatio etc., a. 3., kann sich bis zur

Ekstase steigern, a. 5., und ist das beglückendste Leben, a. 8. Ihm entsprechen mehr die theologischen Tugenden.

b. Das thätige Leben, qu. 181., ist das Wirken für das Reich Gottes; ihm entsprechen mehr die moralischen Tugenden. — Vergleicht man beide Lebenswege miteinander, qu. 182., so ist schlechthin betrachtet, das beschauliche Leben das vollkommenere, das thätige das dem gegenwärtigen Leben im Ganzen entsprechendere. (Vgl. in Christus die Verbindung beider als Ideal dargestellt, III. qu. 40.)

3. Die Stände der Vollkommenheit, qu. 183.—189. — Specielle Pflichten und Tugenden haben endlich die verschiedenen Stände, deren es auch in der Kirche besondere gibt, qu. 183. Da nun die Hierarchie später in der Sacramentenlehre behandelt wird und mit den weltlichen Ständen sich nicht die Theologie, sondern das Jus zu befassen hat, so kommen hier nur die Stände der Vollkommenheit in Betracht. (Eltg. zu qu. 184.) Das Wesen der Vollkommenheit aber besteht in der vollkommenen Liebe Gottes, und so die Stände der Vollkommenheit in der feierlichen bleibenden (darum Stand) Uebernahme von Mitteln zur Förderung dieser Liebe, welches besonders die evangelischen Räthe sind. Darnach gibt es zwei Stände der Vollkommenheit, den der Bischöfe und der Religiosenstand, qu. 184.

a. Der Episcopat, qu. 185., stellt besonders die Vollkommenheit der Nächstenliebe dar, die eine vollkommene Gottesliebe voraussetzt, weshalb er a's Stand über dem Religiosenstand steht. (cf. de perfectione vitæ spiritualis, opusc. 2. — über die Pflichten des Episcopates, a. 1.—8.)

b. Der Ordensstand, qu. 186.—189., stellt die Vollkommenheit der Gottesliebe oder Verbindung mit Gott dar, weshalb er auch Religiosenstand genannt wird. Das Mittel zu dieser vollkommenen Weihe an Gott ist die Uebernahme der drei Gelübde: des Gehorsams, der Armuth und der Keuschheit, welche drei Hindernisse entfernen, die eine ungetheilte Beschäftigung mit dem Göttlichen verhindern: den Eigenwillen, die Sorge um den Reichthum und das Familienleben, qu. 186. (Im Folgenden werden dann die Rechte der Religiosen, qu. 187, und zwar, den damaligen Zeitverhältnissen entsprechend, die Berechtigung der Bettelorden und deren Lehrthätigkeit, a. 4. und 1.; die Eintheilung der Orden, qu. 188 [vgl. den Ritterorden, a. 3., den Predigerorden, a. 4., die mehr thätigen und mehr beschaulichen Orden, a. 5.—8.], und die Fragen über den Eintritt in einen Orden, qu. 189., erörtert.)

Dritter Theil.

„Zu Gott durch Christus."

Ist im Bisherigen gezeigt worden, daß die von Gott ausgegangene Creatur durch moralische Bethätigung zu ihm zurückkehren muß, so wird nun im Folgenden ausgeführt, daß (wegen dem gefallenen Zustand der Menschheit) dieses nur geschehen kann durch Christus, seine Erlösung und Erlösungsmittel oder Sacramente, wodurch allein der „Weg" zur endgültigen Vollendung geboten wird; daher in diesem dritten Theil noch zu handeln ist: von Christus und seiner Erlösungsthat, von den Sacramenten und von der endlichen Vollendung. (Vgl. Prolog.)

I. Christologie, qu. 1.—60.

In der Christologie kann betrachtet werden zunächst die Frage über die Nothwendigkeit und Congruenz der Incarnation, dann ihr Wesen und endlich die Erlösungsthat. Das erstere geschieht auch hier wieder in Weise einer Einleitung.

Einleitung: Nothwendigkeit und Congruenz der Incarnation, qu. 1. — Die Menschwerdung Christi erscheint schon als congruent für die hingebende Liebe Gottes, a. 1., für den daraus keine Veränderung, ad. 1., noch Vermehrung resultirt, ad. 3. und 4. Sie war aber nothwendig, wenn Gott in vollkommenster Weise durch satisfactio de condigno, d. i. durch stellvertretende Genugthuung (cf. ad. 2.) die Menschheit erlösen wollte, a. 2. Die Erlösung von der Sünde ist darum als der nächste Grund der Incarnation zu betrachten, obwohl sie auch sonst möglich gewesen wäre, a. 3. Und zwar kam Christus zunächst zur Erlösung von der Erbsünde, die eben die Erreichung des Endzieles verhinderte, auf die Welt, secundär für die persönlichen Sünden, a. 4. Seine Ankunft aber war temporell eine passende in „der Fülle der Zeit", a. 5. und 6.

A. Die Natur Christi (de modo unionis Verbi incarnati, qu. 2. - 27.).

Nachdem die Congruenz der Incarnation dargethan, wird nun die Natur des menschgewordenen Wortes bestimmt, und da zunächst die Verbindung der menschlichen Natur mit dem Logos, die unio hypostatica; dann die zwei termini der Incarnation: aufnehmende Person und angenommene menschliche Natur besonders; und endlich gewisse Consequenzen, die aus dieser Union folgen. (Vgl. Einltg. zu qu. 2.)

1. **Die hypostatische Union, qu. 2.** — Bei der Bestimmung der Verbindung des Menschlichen und Göttlichen in der Incarnation ist vor Allem der monophysitische Gedanke ferne zu halten, als ob das eine Verbindung zu Einer Natur wäre, denn das ließe sich nur als eine transmutatio, eine Veränderung der göttlichen und menschlichen Natur denken, was unzulässig ist, a. 1. Aber auch die nestorianische Auffassung ist abzuweisen, als ob es eine Verbindung zweier Personen miteinander gewesen wäre; das hieße das ganze Mysterium der Incarnation aufheben. Vielmehr wird die menschliche Natur in die göttliche Person aufgenommen, a. 2, und zwar die ganze menschliche Natur in ihrer physischen Vereinigung von Leib und Seele, a. 5. Es ist darum diese unio nicht nur eine accidentielle, a. 6. (contr. Nestor.), auch nicht eine Verbindung durch die Gnade, a. 10., sondern eine wirkliche Aufnahme, assumptio, der menschlichen Natur in die Person, hypostatis des Logos, a. 8. (darum hypostat. i. e. persönl. Unio).

2. **Die göttliche Person, qu. 3.** — So ist also das eine, das die menschliche Natur aufnehmende Princip in der Incarnation eine göttliche Person, und sie ist auch als solche der terminus incarnationis, b. i. das, was sich incarnirt und nicht die Natur Gottes als solche, a. 1.; nur in einem abgeleiteten Sinn, insofern nämlich in Gott Person und Natur real eins sind, kann man auch sagen, daß sich die Natur incarnirte, b. i. Fleisch annahm, a. 2. Die Verbindung der Incarnation dagegen bewirkten alle drei Personen, daher der Satz: die drei Personen bewirkten, daß sich die Eine Person incarnirte, a. 4., und zwar war es dann congruent, daß sich nicht irgend welche, sondern eben gerade die zweite Person incarnirte: denn der Logos ist als Inhaber der Ideen das Urbild der Schöpfung, speciell des Menschen; sollte deshalb dieser durch die Erlösung wieder nach dem Urbild regenerirt werden, so geschah das am besten durch den Logos, auch soll der Mensch durch die Erlösung wieder zum Kinde Gottes angenommen werden, und auch das geschah am besten durch den Sohn Gottes, a. 5. und 8.

3. **Die menschliche Natur in Christus, qu. 4.—16.** — Es fragt sich nun, was der Logos von der menschlichen Natur und mit ihr angenommen hat. Und da ist zu sagen, es war eine:

a. **Aufnahme der vollkommenen menschlichen Natur**, qu. 4.—7.; also der Natur und ihrer Theile und dies in der richtigen Ordnung.

α. Die menschliche Natur Christi, qu. 4. Es nahm der Logos die volle Menschennatur an, nur nicht eine persönliche Natur, weil die menschliche Natur eben durch den Logos personificirt wurde, welche Verbindung verhinderte, daß die menschliche Natur ihre eigene Person hatte, a. 2. cf. ad 3. Darum kann man auch nicht sagen, daß der Logos einen Menschen annahm, denn das Concretum Mensch begreift die Persönlichkeit in sich und so wäre damit gesagt, daß das Angenommene ein Mensch mit eigener Person gewesen, was nestorianisch wäre, a. 3. — Diese angenommene Menschennatur mußte dann von Adam abstammen, damit „so die gleiche Natur Genugthuung leiste, die gesündigt", b. i. damit die juridische oder solidarische Einheit da sei, die für die stellvertretende Genugthuung nöthig, a. 6.

β. Die Theile der menschlichen Natur Christi, qu. 5. Weil so der Logos die ganze menschliche Natur aufgenommen, so hat er ebendeshalb (ratione humanæ naturæ) alle wesentlichen Theile derselben aufgenommen; darum: einen wahren menschlichen Leib, was gegen die Doketen zu betonen, a. 1. und 2., ferner eine wahre menschliche Seele und zwar eine intellective vernünftige Seele, was gegen Apollinaris hervorgehoben wird, a. 3. und 4.

γ. Ordnung der Annahme der Theile, qu. 6. Diese Theile der Menschennatur hat aber der Logos so angenommen, daß sich derselbe zunächst mit dem Geist, als mit dem Würdigsten und ihm am nächsten Stehenden verband, aber in und mit demselben gleichzeitig auch mit den übrigen niedern Theilen der Menschennatur, a. 1.—6.

b. **Das vom Gottessohn mit der menschlichen Natur Mitangenommene**, qu. 7.—16. — Mit der menschlichen Natur hat der Logos noch gewisse Accidentien derselben angenommen und zwar Vollkommenheiten und Mängel. (Vgl. Eltg. zu qu. 7.)

α. Vollkommenheiten, qu. 7.—14. Die menschliche Natur Christi ward theils zur entsprechenden Disposition für die Verbindung mit dem Logos, theils wegen dieser Verbindung mit besondern Vollkommenheiten ausgestattet, nämlich mit einer besondern Gnade, Wissenschaft und Macht. — Christus besitzt als Mensch die Fülle der Gnade, und dies sowohl für sich als Einzelmensch als auch als Haupt der Kirche. Für sich als Einzelmensch, qu. 7., besaß er die heiligmachende Gnade, a. 1., und mit derselben alle Tugenden mit Ausnahme derjenigen, die mit der Anschauung Gottes, die er besaß (cf. qu. 9. a. 2.), unvereinbar sind wie der Glaube, a. 3., oder die eine indirecte Folge der Sünde sind, wie die Reue ꝛc., a. 6.; ebenso besaß er die Gnadengaben, a. 7., insbesondere die Gabe der Prophetie, a. 8. Und alle diese Gnaden waren in Christus in ihrer Fülle oder Vollendung vorhanden, so daß er zugleich viator, Erdenpilger, und comprehensor, der das Ziel schon erreicht hat, war, a. 9.—13. — Weil nun so in Christus die Fülle der Gnade wohnt, so fließt von ihm überhaupt alle Gnade aus auf die Andern, wie von dem Haupt das Leben in die Glieder. Und weil das Reich der Gnade die Kirche ist, so ist sie sein mystischer Leib und er das Haupt der Kirche, qu. 8. a. 1. und 5. Von diesem Haupte aus geht nun ein Gnadeneinfluß auf alle Glieder der Kirche, zunächst auf die Seele, aber durch diese indirect auch auf den Leib, zumal in der einstigen Verklärung, a. 2., ja überhaupt auf alle Menschen, indem er sie zur Kirche zieht und heiligen will, und insofern ist er das Haupt aller Menschen, a. 3., und nicht nur das, sondern auch aller guten Engel, da auch sie als Verklärte zum Reich der Gnade, b. i. zur Kirche gehören, a. 4. So ist Christus durch seinen innern Gnadeneinfluß das Haupt der Kirche, aber auch durch seine äußere Providenz über ihr, für deren Ausführung er sich aber auch der sichtbaren Kirchenhäupter bedient, die seine Stelle vertreten, a. 6. — Diesem göttlichen Haupte des Gnadenreiches kann man nun auch das Haupt „des Reiches dieser Welt" entgegenstellen, das der Teufel und Antichrist ist, die einen perversen Einfluß auf die ihnen Unterworfenen ausüben, a. 7. und 8. (Vgl. die qu. per totum, die die speculativ=mystische Theorie von der Kirche enthält.)

Die Menschheit Christi war aber nicht nur mit einer besondern Gnade, sondern auch mit einer besondern Wissenschaft und Erkenntniß ausgestaltet, qu. 9.—13. Und zwar wegen seiner Gnadenfülle besaß Christus schon hienieden außer seiner göttlichen Erkenntniß als Logos, die visio beatifica, die beseligende Anschauung Gottes und damit die Schau aller Dinge in Gott, qu. 10.; ferner hatte er eine eingegossene übernatürliche Erkenntniß, vermöge der er durch Einfluß göttlichen Lichtes Alles erkannte analog den Engeln, qu. 11.; daneben hatte er aber auch eine vollkommene erworbene Erkenntniß durch seine natürliche Denkthätigkeit und die Sinne, qu. 12.

Endlich besaß der Wille Christi eine besondere Macht, wodurch er mit Leichtigkeit das den Befehlen der Vernunft Entsprechende ausführen konnte, qu. 13. a. 4.; dagegen nicht die Allmacht, da diese nur Gott zukommt und die Menschheit Christi nur deren Werkzeug werden konnte, a. 1.—3.

β. Die Mängel, qu. 14.—16., die Christus mit der Menschennatur angenommen, sind die Leidensfähigkeit und der Tod dem Leibe nach, Schmerz und Trauer der Seele nach. Er hat dieselben angenommen, um dadurch fähig zu sein, die Menschheit durch Genugthuungswerke zu erlösen. Darum sind in ihm jene Defecte des Leibes, qu. 14., keine Strafe der Sünde für ihn, sondern nur für die in Adam gefallenen Menschen, a. 3., und er hat auch nur jene Defecte angenommen, welche der Menschheit als solcher anhaften, wie Hunger, Leiden, Tod u. dgl.; nicht aber specielle, z. B. irgend eine Krankheit, weil er für die Menschennatur als solche Genugthuung leisten wollte und deshalb jene Strafen auf sich nehmen mußte, die aus der Sünde der menschlichen Gattung folgten und mit der Vollkommenheit des Gnadenlebens nicht im Widerspruch stehen, a. 4. Aehnlich verhält es sich mit den Defecten der Seele, qu. 15., die er auf sich nahm. Er konnte nicht die Sünde annehmen, a. 1., noch auch, was zur Sünde zieht, der fomes peccati, a. 2., oder aus der Sünde stammt wie die Verfinsterung des Verstandes, a. 3. wohl aber mußte er wegen der Genugthuung, die er leisten wollte, annehmen: die Leidensfähigkeit, darum die passiones, a. 4., aber in vollkommener Unterordnung unter die Vernunft, also eine vernünftige Trauer, Furcht, Beängstigung ꝛc., a. 5.—10. — Und so war denn Christus durch besondere göttliche Anordnung zugleich viator und comprehensor, seinem Geiste nach im Besitze der Seligkeit, seinem Leib und der empfindenden Seele nach noch ein Erdenpilger, Mühsal und Leiden unterworfen, a. 10.

4. Consequenzen der hypostatischen Union, qu. 16.—27. — Aus der hypostatischen Union des Logos mit der menschlichen Natur folgen nun gewisse Consequenzen, sowohl für die Person Christi selbst als auch für sein Verhältniß zum Vater und zu uns.

a. Verhältniß der beiden Naturen in Christus, qu. 16.—18. Wenn man beide Naturen in Christus in ihrem gegenseitigen Verhältniß zu einander und zur Person betrachtet, so folgt aus der hypostatischen Union in der Terminologie die sog. communicatio idiomatum, aus der Zweiheit der Naturen aber die Zweiheit der Bethätigung. (Vgl. Eltg. zu qu. 16.)

α. Die communicatio idiomatum, qu. 16. — Weil nämlich die Prädicamente oder Aussagen immer auf die Person bezogen werden, so können von der Einen Person in Christus und so von allen Substantiven, in denen die Person mitinbegriffen ist, wie Christus, Gott, Mensch ꝛc., alle Eigenschaften und Thätigkeiten der göttlichen und menschlichen Natur Christi ausgesagt werden, also z. B. Gott ist Mensch geworden ꝛc. (cf. a. 1.—12. passim.)

β. Die Einheit der Person und die Zweiheit der Bethätigung der Naturen, qu. 17.—20. — Aus der hypostatischen Union folgt ferner, daß Christus nur Einer und Eins ist, qu. 17., daß aber doch jede Natur sich ihrer Natur gemäß bethätigte. Darum sind in Christus zwei Willen, ein göttlicher und ein menschlicher, mit seiner geistigen und sinnlichen Seite, die aber bei aller Verschiedenheit doch mit einander nicht im Widerspruch stehen, eine Ausführung, die besonders gegen den Monotheletismus geht, qu. 18. a. 1.—6. — Ebenso sind in Christus zwei Bethätigungen, eine göttliche und eine menschliche, mit welcher er sowohl für sich die Glorie als für seinen mystischen Leib, die Kirche, die Gnade verdiente, qu. 19.

b. Verhältniß Christi zum Vater, qu. 20.—25. — Bei der Bestimmung des Verhältnisses Christi zum Vater kann man einerseits die Beziehung Christi zum Vater, andererseits die Beziehung des Vaters zu Christus in's Auge fassen.

α. Christus in Beziehung zum Vater, qu. 20.—23., ist ihm unterworfen seiner menschlichen Natur nach, was aus mehrern Aussprüchen Christi selbst hervorgeht und Aehnliches könnte man auch sagen von der menschlichen Natur in Christus in Beziehung zum Logos, qu. 20. Diese Unterwürfigkeit Christi spricht sich am meisten aus in seinem Gebet und seinem Priesterthum. — Im Gebet, qu. 21.; denn das Gebet ist der Ausdruck der Abhängigkeit von Gott, darum konnte Christus allerdings nicht beten seiner göttlichen Natur nach, wohl aber nach seiner menschlichen und zwar zur Bezeugung seiner göttlichen Sendung, aus zum Vorbild und für seine eigene Verherrlichung.

Ganz besonders spricht sich das Abhängigkeitsverhältniß Christi zum Vater aus in seinem Priesterthum, qu. 22. „Wesentliche Aufgabe des Priesters ist nämlich, Mittler zu sein zwischen Gott und dem Volk, indem er diesem das Göttliche mittheilt, dessen Gebete Gott anopfert und irgendwie für dessen Sünden Genugthuung leistet." Das aber kommt Alles Christus am vollkommensten zu und deshalb ist er vor Allem der Hohepriester, a. 1. Er ist aber zugleich Opfer und Opferer, indem er sich für die Sünden der Menschheit hingab, a. 2., und dieselben durch vollständige Genugthuung und Wiedergabe der Gnade sühnte und tilgte, a. 3. Es geschah dies durch seinen Opfertod, wovon später, dann durch die stete Geltendmachung desselben im Himmel und dessen unblutige Wiederholung im eucharistischen Opfer nach der Ordnung Melchisedechs, a. 5. und 6.

β. Der Vater in Beziehung zu Christus, qu. 23.—25. — Betrachtet man das Verhältniß des Vaters zu Christus, so fragt sich hier besonders ob Christus wahrer oder Adoptivsohn Gottes sei. Nun versteht man unter Adoption, qu. 23., die Annahme an Kindesstatt als Erbe. Während nun aber bei der natürlichen Adoption eine gewisse Aehnlichkeit des Charakters schon vorausgesetzt wird, so macht sich Gott den zu Adoptirenden selbst ähnlich zum Kinde durch seine Gnade, durch welche Kindschaft dann auch das Erbrecht auf die Seligkeit gegeben ist, a. 1.—4. — Danach aber ist Christus nicht nur Adoptivsohn Gottes, denn das Sohnsein kommt der Person zu; diese ist aber hier der wahre und nicht nur Adoptivsohn Gottes und so ist es unzulässig Christus nur als Adoptivsohn Gottes zu bezeichnen, a. 4. (c. Adoptianism.) — Dagegen kann man wohl sagen, es sei die menschliche Natur Christi von Ewigkeit zur Incarnation und damit auch zur einstigen Seligkeit prädestinirt gewesen, qu. 24. a. 1. und 2., und es ist diese Prädestination auch das Urbild und die Ursache unserer Prädestination, a. 3. und 4.

c. Das Verhältniß Christi zur Menschheit, qu. 25.—27., — ist eine Beziehung der Menschheit zu ihm und seiner zur Menschheit; die erstere wird ausgedrückt durch

γ. die Anbetung Christi, qu. 25. — Ihre Beziehung zu Christus bezeugt nämlich die Menschheit durch die Ehre die sie ihm zollt. Die Ehre aber erweist man der Person.

Diese ist hier eine göttliche und so muß auch die ihr entsprechende Ehre der Dienst der Anbetung (cultus latriae) und nicht nur der Verehrung (cultus duliae) sein, a. 1. und 2. — während Maria nur die höchste creatürliche Verehrung, die sog. hyperdulia, den Heiligen und ihren Reliquien der cultus duliae zukommt, a. 5. und 6. —
β. Die Mittlerschaft Christi, qu. 26. — Zu seiner Beziehung zu uns ist Christus unser Mittler. Im Begriff Mittlerschaft liegt: Mittel zu sein zwischen zwei Extremen und sie zu verbinden. Das ist aber gerade seine wesentliche Stellung zur Menschheit und zwar besonders dadurch, daß er sie durch seinen Tod mit Gott versöhnte. a. 1. Selbstverständlich kommt ihm aber diese Stellung nur nach seiner menschlichen, nicht nach seiner göttlichen Natur zu, a. 2. — Soviel über die Natur Christi und nun ist sein Werk zu betrachten. (Vgl. Eltg. z. qu. 27.)

B. Das Werk Christi, (qu. 27.—60.).

Die Darstellung des Werkes Christi ist beim hl. Thomas eine reflexive Betrachtung des Lebens Jesu, mit dem das Ganze durchziehenden Grundgedanken, daß dasselbe in ungemein passender Weise eingerichtet war, um in vollkommenster Weise die Erlösung der Menschheit zu bewerkstelligen. ¹)

Das wird nachgewiesen an den vier Haupttheilen dieses Lebens: an dem Eintritt Christi in die Welt, an seinem öffentlichen Leben, an dem bittern Leiden und Sterben und an der Verklärung. (Vgl. Eltg. zu qu. 27.)

1. **Der Eintritt Christi in die Welt** (qu. 27.—40.): ist vermittelt durch seine Empfängniß und Geburt, gekennzeichnet durch die Beschneidung und Taufe.

a. **Empfängniß Christi**, qu. 27.—35. Bei ihr kommt in Betracht: die Würde der Mutter Christi, die wunderbare Art der Empfängniß und die Vollkommheit dessen, der Fleisch angenommen. (Vgl. Eltg. zu qu. 27.) — Bei der Schilderung der Würde der Mutter flicht der Autor eine fast vollstände Mariologie ein, qu. 27.—31. Er zeigt, daß Maria auf ihre wunderbare Mutterschaft vorbereitet worden ist, durch ihre ursprüngliche Heiligung, qu. 27., die nach der Darstellung, wie sie nun einmal hier ist (deren Aechtheit aber vielfach angestritten wird, und auch mit andern Stellen in Thomas nicht stimmt, vgl. Morgott: Mariologie p. 67 und Catechismus des hl. Th. p. 131 und 134), eine Reinigung von der Erbsünde gleich nach ihrer Empfängniß, aber nicht eine vollständige Bewahrung von derselben war, eine Auffassung, die an das Dogma streift, aber dasselbe nicht ganz erreicht. Mit dieser Heiligung aber erhielt sie eine solche Fülle der Gnade wie sonst kein anderer Heiliger, unter anderm auch die Bewahrung von der unordentlichen Begierlichkeit, a. 3., und das Privilegium der Gnade, sich auch von aller läßlichen Sünde frei zu bewahren, a. 4. Bereitete Gott so Maria durch die Heiligung auf ihre Mutterschaft vor, so wirkte sie mit dieser Gnade mit, durch die stete Bewahrung ihrer Jungfräulichkeit, qu. 28., vor, in und nach der Geburt Christi, dessen Würde das forderte, a. 1.—4. Andererseits verlangte aber auch der Schutz und die Ehre Christi und Mariä deren Verlobung mit Joseph, qu. 29., wodurch sie Urbild der Jungfrau und Mutter, die hl. Familie das der christlichen Familie wurde, a. 1. und 2. — Und nun wird die Empfängniß Christi eingeleitet durch die Verkündung des Engels, qu. 30.

---

¹) Bei dieser ganzen Abhandlung tritt das speculative Moment mehr zurück, das Erbauliche in den Vordergrund, und jo ist dieselbe die leichteste Partie in der Summa, vielleicht vom Autor selbst absichtlich besonders eingerichtet zu Betrachtung und homiletischen Zwecken, worauf auch die durchgängige Eintheilung jedes Artikels in bestimmte „Punkte" schließen läßt. Da so die praktischen Rücksichten des Tractates und die wissenschaftlichen der Darstellung des Systems im umgekehrten Verhältniß stehen, so kann hier mehr nur die Skizze des Inhaltes gegeben werden, um durch die Andeutung des reichen Inhaltes zur Lectüre anzuregen.

die als das Gegenbild der Versuchung Eva's durch den bösen Engel, a. 2., und als überaus passend erscheint, a. 4. Die wunderbare Art der Empfängniß Christi selbst dann zeigt sich zunächst in der Providenz, daß er seiner leiblichen Seite nach von Adam und David abstammt, was die stellvertretende Genugthuung forderte, qu. 31., besonders aber in der Bewirkung derselben durch den hl. Geist, wodurch, was wieder für den Erlöser nöthig war, er von der Erbsünde bewahrt bleiben mußte, qu. 32., und überhaupt seine ganze Empfängniß als eine wunderbare erscheint, qu. 33. — Und dies besonders auch wegen der ursprünglichen Vollkommenheit des menschgewordenen Erlösers, der wegen seiner hypostatischen Union mit dem Logos nicht den Gesetzen der natürlichen Entwicklung unterworfen war und gleich die Fülle der Gnade und des Verdienstes und die Anschauung Gottes besaß, qu. 34.

b. Die Geburt Christi, qu. 35.—37. Der so empfangene Christus wird nun der Welt geschenkt durch die Geburt. Geboren werden aber kommt der Person zu, qu. 35. a. 1., und so gibt es für Christus eine doppelte Geburt: eine ewige aus dem Vater, und eine zeitliche durch die Mutter, a. 2.; deshalb muß aber diese auch wahrhaft Gottesgebärerin genannt werden, weil die Person, die hier geboren wird, eine göttliche ist, a. 3. und 4. (contra Nestor). Die Geburt aber war frei von dem Fluche Eva's, sine dolore, a. 6., und von Gott wunderbar geordnet am passenden Ort, a. 7., und zur passenden Zeit, in der „Fülle der Zeiten", a. 8. — Trat Christus durch die Geburt in die Welt ein, so mußte er nun auch derselben geoffenbart werden, und das geschah durch sein Epiphanie, qu. 36., bei den Hirten, Simeon und Anna und den drei Weisen; bei den erstern zur Offenbarung an die Juden, bei den letztern als den Repräsentanten und Erstlingen der Heiden, a. 3., bei den erstern passend eingeführt durch die Engel, a. 5., letztere zu ihm geführt durch den Stern, a. 7. und 8. — Nach „der Erscheinung Christi" folgt

c. die Beschneidung, qu. 37. Es wollte damit Christus die Wahrheit seiner körperlichen Natur beweisen und in Demuth unter das „Gesetz" sich beugen, um vom Gesetz zu erlösen, a. 1. Darum ahmte ihn hierin auch Maria nach, a. 4. Bei der Gelegenheit aber wurde ihm der sein Wesen bezeichnende Name Jesus gegeben, a. 2.

d. Die Taufe Christi, qu. 38.—40. Aus dem „verborgenen Leben" tritt Christus in's öffentliche Leben hinüber durch die Taufe. Und weil diese durch Johannes ertheilt, wird zuerst das Wesen der Johannestaufe bestimmt, qu. 38., und dieselbe als ein Sacramentale mit vorbereitendem Charakter auf die christliche Taufe hingestellt, a. 3. — Christus aber ließ sich von Johannes taufen, um in seiner stellvertretenden Genugthuung die Bußtaufe auf sich zu nehmen und zu bestätigen, qu. 39., und damit das Wasser für seine Taufe zu weihen, a. 1. und 2.; deshalb öffnete sich auch jetzt der Himmel, stieg der hl. Geist in Form einer Taube herab und ward die Sohnschaft Christi verkündigt, um die analoge Wirkung in den Getauften anzudeuten ꝛc., a. 5.—8.

2. Das öffentliche Leben Jesu, qu. 40.—46. — An demselben kommen als die es auszeichnenden Momente zur Betrachtung: die Lebensweise Christi, seine Versuchung, die Lehr- und Wunderthätigkeit Jesu.

a. Die Lebensweise Christi, qu. 40., zeichnet sich dadurch aus, daß er nicht ein Einsiedlerleben, a. 1., in äußern Strengheiten und Bußübungen führte, a. 2., wohl aber ein Leben in Armuth, a. 3., und in Beobachtung des jüdischen Gesetzes, a. 4.: ersteres weil er allen Menschen ein Vorbild sein wollte, letzteres um seine Gottheit zu beweisen und von dem Joche des jüdischen Gesetzes zu befreien.

b. Die Versuchung, qu. 41., ließ Christus über sich ergehen, wiederum zum Vorbild, wie der Mensch gegen die Versuchung zu kämpfen habe und um ihm die nöthige Kraft dafür zu verdienen, a. 1.—4.; deßhalb nahm er auch alle wesentlichen Arten der Versuchung in ihrem entsprechenden Fortschreiten auf sich, a. 4.

c. Die Lehrthätigkeit Jesu, qu. 42. An ihr fällt auf, daß er sich mit derselben zunächst nur an die Juden wandte, a. 1., und zwar mit einer scharfen Polemik gegen die Pharisäer, a. 2., dann, daß er vor dem Volk vielfach in Parabeln lehrte, a. 3., und Alles nur mündlich vortrug, nicht in Schriften niederlegte, a. 4. Auch diese ganze Lehrweise erscheint als zweckmäßig für ein ersprießliches ordnungsgemäßes Verbreiten seiner Lehre und ein naturgemäßes Entwickeln derselben durch die Gläubigen.

d. Die Wunderthätigkeit Jesu, qu. 43.—46., zunächst im Allgemeinen betrachtet, qu. 43., erschien als geboten, einerseits um die Annahme seiner Lehre, besonders der Mysterien dadurch zu bewirken, a. 1., andererseits um damit seine Gottheit zu beweisen, wozu die Wunder auch vollständig angethan waren, da er sie in eigener Kraft, wann und wie er wollte und nicht auf Gebet hin wie andere Wunderthäter wirkte, a. 4. (Beweis der Gottheit Christi aus den Wundern!) — Untersucht man die Wunder Christi im Einzelnen, qu. 44., so fällt das an ihnen auf, daß er an allen Creaturen Wunder wirkte: an den Geistern, a. 1., an den Himmelskörpern, a. 2., an den Menschen nach Leib und Seele, a. 3., und an der Natur, a. 4.; es manifestirt sich dadurch der Erlöser als Herr über alle Creaturen und als der Wunderthäter, per eminentiam. — Ein Wunder endlich zeichnet Christus besonders aus, da es an ihm selbst sich vollzieht, nämlich seine Verklärung auf Tabor, qu. 45., es war das ein Herausleuchten seiner innern Glorie und ein Vorbild und Unterpfand unserer eigenen einstigen Verklärung, a. 1.—4.

3. Das bittere Leiden und Sterben Christi, qu. 46.—53. — Dabei kommen vier Punkte in Betracht: Das Leiden, der Tod, die Begräbniß und die sog. Höllenfahrt Christi.

a. Das Leiden, qu. 46.—50. Daran ist dreierlei zu unterschuchen: das Leiden als solches, seine Ursache und seine Wirkungen.

α. Das Leiden als solches, qu. 46. Das Leiden Christi war der eigentliche Genugthuungsact für die Sünden der Menschheit, und wenn der Erlöser in vollkommenster Weise Gott stellvertretende Genugthuung leisten wollte, so konnte das nicht besser geschehen als durch ein solches Leiden und den Tod am Kreuz, da durch nichts Anderes so viele Zwecke, Sühne, Vorbild aller Tugenden erreicht werden konnten, als so, a. 1.—5. — Es war auch dieses Leiden das größte dem Leib und der Seele nach, obwohl auch in ihm der höhere Theil der letztern im Genuß der Anschauung Gottes verblieb, a. 5.—9. — Nach dem ganzen Heilsplan dann waren die Zeit, Ort und Umstände des Leidens, das selbstverständlich nur die menschliche Natur berührte, passend gewählt, a. 9.—12.

β. Ursache des Leidens, qu. 47., waren zunächst die Feinde Christi, denen er sich frei hingab, a. 1., im tiefern Grunde aber die Menschheit, für deren Ungehorsam er in Gehorsam sich unter die Hand des Vaters beugte, a. 2. und 3. Weil dann alle Menschen durch seine Leiden erlöst werden sollten, so sollten sich auch Juden und Heiden daran betheiligen; doch war die Sünde der erstern die größere, a. 4.—6.

γ. Wirkungen des Leidens, qu. 48.—50. — Weil nun Christus sich zur Kirche verhält, wie das Haupt zu den Gliedern (cf. qu. 8.), so verhalten sich seine Werke zu diesen Gliedern, wie die Werke eines in der Gnade stehenden Menschen zu diesem. Die Leiden eines solchen aber für die Gerechtigkeit verdienen ihm das Heil, und so verdiente Christus mit seinem Leiden nicht nur für sich, sondern auch für seine Glieder das Heil, qu. 48. a. 1., und leistete er Gott, wegen deren unendlichen Verdienstlichkeit, für die Sünden der Menschheit eine überfließende Genugthuung, a. 2. Darum hat auch sein Leiden den eigentlichen Charakter eines

Opfers, d. i. einer Hingabe, a. 3., wodurch eine Erlösung, d. i. ein Loskauf der Menschheit bewerkstelligt wurde, a. 4., weshalb Christus im eigentlichen Sinne unser „Erlöser" ist, a. 5. — Näher bestimmt aber, qu. 49., sind die Wirkungen dieser Erlösung: die Nachlassung der Sünde, a. 1., die Befreiung von der Herrschaft des bösen Feindes, a. 2., und die Aufhebung der Strafe, a. 3., so daß so wieder die Menschheit mit Gott versöhnt, a. 4., die Pforte des Himmels geöffnet wurde, a. 5., Christus aber auch für sich verdiente, erhöht zu werden, a. 6.

b. Der Tod Christi, qu. 50. Der Abschluß des Leidens war der Tod Christi, als die entsprechende Genugthuung für den Tod der Sünde, a. 1. In demselben trat zwar eine Trennung der Seele vom Leibe, nicht aber eine Trennung der hypostatischen unio des Logos von Leib oder Seele ein, a. 2. und 3., weshalb auch dem Frohnleichnam mit Recht die Anbetung gezollt wurde.

c. Die Grablegung Christi, qu. 51., ist ein entsprechendes Zeugniß seiner wahren Menschheit und des Todes und ein schönes Vorbild des Absterbens der Sünde in Kraft der Verdienste seines Leidens, a. 1.—4.

d. Die Höllenfahrt Christi, qu. 52. Während des Triduums dieser Grablegung, a. 4., stieg die Seele Christi in die sog. Vorhölle, a. 1., nicht in die eigentliche Hölle, a. 2., um daraus die Seelen der Gerechten, auf die rückwirkend seine Erlösungsgnade wirkte, zu befreien, a. 5.

4. Die Verherrlichung Christi, qu. 53.—60. Den Abschluß des irdischen Lebens Jesu bildet seine Verherrlichung von der Auferstehung an. Auch hier sind vier Punkte in's Auge zu fassen: Die Auferstehung, die Himmelfahrt, das Sitzen zur Rechten des Vaters und die richterliche Gewalt, resp. die Wiederkunft Christi zum Gericht. (Vgl. Eltg. zu qu. 53.)

a. Die Auferstehung, qu. 53.—57. Betreffs derselben ist viererlei zu untersuchen: die Auferstehung an sich, die Eigenschaften des Auferstandenen, dessen Erscheinungen und die Ursache, resp. Wirkung der Auferstehung. Christus mußte auferstehen zum Lohne seines Leidens, zur Stärkung unseres Glaubens und zum Vorbild und Unterpfand unserer eigenen Auferstehung, qu. 53. a. 1. — Die wesentliche Eigenschaft des Auferstandenen aber ist die Verklärung auch dem Leibe nach, dem passend die Wundmale verblieben, qu. 54. — In dieser verklärten Gestalt erschien er wiederholt den Jüngern in einer Art und Weise, daß daraus die Wahrheit der Auferstehung klar hervorgeht, qu. 55. — Die Auferstehung des „Ersterstandenen" ist dann die Ursache auch unserer Auferstehung, qu. 56.

b. Die Himmelfahrt Christi, qu. 57., war gefordert durch seine verklärte Menschennatur, der auch der Ort der Verklärten gebührt, nämlich der Himmel, wohin er uns dadurch den Weg eröffnete, a. 1.—6.

c. Das Sitzen zur Rechten des Vaters, qu. 58. Im Himmel sitzt Christus zur Rechten des Vaters, was die Ruhe und das Erhabensein seiner Menschennatur über alle andern Creaturen, sowie die Antheilnahme an der richterlichen Gewalt Gottes bedeutet, a. 1.—4.

d. Die richterliche Gewalt Christi, qu. 59. Diese richterliche Gewalt kommt Christus zu als Logos, a. 1., aber auch als Mensch, weil er das Haupt der Kirche ist, a. 2., und wegen seiner Verurtheilung und seinem Siege sie verdiente, a. 3. Er übt dieselbe aus über alle Creatur, speciell beim persönlichen Gericht nach dem Tode eines jeden Menschen, ganz besonders aber bei seiner Wiederkunft oder »Parusie« zum letzten Gericht, a. 5., wovon später in der Eschatologie. (Vgl. Eltg. z. qu. 59.)

II. Sacramentenlehre, qu. 60. — Suppl. qu. 69.

Die Erlösung, die Christus gebracht, wird dem einzelnen Menschen zugewendet durch die Sacramente, die von Christus ihre Wirksamkeit haben, efficaciam habent (vgl. Eltg. zu qu. 60.), und durch die der Mensch Christo geistigerweise incorporirt wird, qu. 62. a. 1.: „Zur Heilung von der Sünde und zur Befähigung zum christlichen Cult und Leben", qu. 63. a. 1. Dies ist der innere Gedankenzusammenhang, durch den Thomas diesen Tractat mit dem vorhergehenden verbindet. Er theilt denselben ab in eine generelle und specielle Sacramentenlehre, wovon sich aber die erstere der Ausdehnung nach nur wie eine Einleitung zu letzterer verhält.

Einleitung: **Generelle Sacramentenlehre,** qu. 60.—66. Darin wird abgehandelt: vom Wesen der Sacramente, ihrer Nothwendigkeit, Wirkung, ihrer Ursache, Zahl und Organismus. — Bei der Bestimmung des Wesens, qu. 60., werden nun die Sacramente eben als jene signa, Zeichen hingestellt, die bei Petrus Lombardus mit den res das Eintheilungsprincip bildeten (cf. p. 5.), die aber die Gnade nicht nur bedeuten, sondern auch bewirken, wenn sich mit ihnen die forma, das sacramentale Wort verbindet, a. 6. ff. — Sie sind nicht nur der Natur des Menschen sehr entsprechend, qu. 60. a. 4., sondern zum Heile geradezu nothwendig, qu. 61. — Denn ihre Wirkung, qu. 62., ist über die Gnade als solche hinaus eine dem Zwecke jedes Sacramentes entsprechende Gnadenunterstützung, a. 2., in Kraft des Leidens Christi, a. 5., und drücken einige der Seele einen besondern Charakter, character indelebilis auf, qu. 63., und zwar bewirken die Sacramente dies als causa instrumentalis, als Werkzeug, a. 1. — Darum ist auch die erste Ursache ihrer Wirksamkeit, qu. 64., Christus, er ist der Auctor sacramentor; der Priester ist nur der minister sacr., bei dem zur gültigen Auspendung die intentio, zur würdigen, aber nicht nothwendig zur gültigen fides und probitas, nothwendig sind, cf. a. 5. 8. zc. — Solcher Sacramente nun sind sieben eingesetzt und sie bilden zusammen einen einheitlichen Organismus, qu. 65. Durch die Erlösungsgnade wird nämlich im Menschen die übernatürliche Gotteskindschaft wieder hergestellt, und nun verläuft dieses höhere, christliche Leben analog dem natürlichen. Wie der Mensch zu diesem geboren wird, darin unter besonderer Kraftunterstützung zur Mündigkeit heranwächst, es nähren muß durch Speise und in Krankheit Heilmittel, im Todeskampfe Stärkung bedarf, als Glied der Gesellschaft aber einen Stand einnimmt: so muß auch der Mensch zum übernatürlichen Leben geboren werden und das geschieht durch die Taufe; er bedarf der Kräftigung zur Mündigkeit und der Speise, diese bieten ihm die Firmung und Eucharistie; Buße und letzte Oelung sind die geistigen Heilmittel, und zu den zwei kirchlichen Ständen, dem Priester= und Laienstand, vermitteln die nöthigen Amtsgnaden die Priesterweihe und das Sacrament der Ehe. (Vgl. bes. a. 1.) — Unter diesem einheitlichen Gesichtspunkt wird nun die Sacramentenlehre im Einzelnen abgehandelt, und darin liegt auch besonders ihr speculativer Gehalt.

Specielle Sacramentenlehre, qu. 66. — Supple. qu. 69. — Bei jedem Sacramente kommt zu näherer Betrachtung: Wesen und Einsetzung, der Spender oder minister, der Empfänger oder Subject, die Wirkung und der Ritus.

1. Die Taufe, qu. 66.—72., ist das Sacrament der Wiedergeburt zum übernatürlichen Leben der Gotteskindschaft. Thomas untersucht zuerst sie selbst, qu. 66.—70., dann gewisse Vorbereitungen zu ihr. (Vgl. Eltg. z. qu. 66.)

a. Wesen und Einsetzung, qu. 66. Die Taufe ist eine äußere Abwaschung des Täuflings zu innerer Heiligung, a. 1., von Christus eingesetzt, a. 2., deren Materie natürliches Wasser, a. 3.—5., die Form die Taufworte sind, 5.—10., von der Kirche unter passenden Ceremonien gespendet, a. 10. (cf. ib. über aspersio, immersio, baptism. sanguin. etc.).

b. **Spender des Sacramentes**, qu. 67., ist ordentlicher Weise der Priester, im Nothfall kann jeder Mensch, selbst der Ungetaufte, taufen, a. 1.—7. (Vgl. über die Pathen, a. 7. und 8.)
c. **Empfänger des Sacramentes**, qu. 68., kann jeder noch nicht Getaufte sein und ist die Taufe (saltem in voto, als Begierdtaufe) sogar die nothwendige Bedingung des Heiles, a. 1.—3. Der zu Taufende muß wenigstens die Intention haben, getauft zu werden, a. 7. (Ueber die Kindertaufe und andere Pastoralfälle cf. a. 9.—12.)
d. **Die Wirkung der Taufe**, qu. 69. Durch die Taufe wird der Mensch Christo incorporirt und dadurch der Früchte seines Leidens und Todes theilhaftig, cf. a. 2.; daraus ergeben sich ihre Wirkungen im Einzelnen: Nachlassung der Sünde nach Schuld und Strafe, a. 1. und 2., Eingießung der Gnade und (theolog.) Tugenden, a. 4., das Anrecht auf die Seligkeit, a. 7. — Dagegen werden nicht aufgehoben die sog. poenalitates: der fomes peccati, Leiden und Kampf als Sündenfolgen, weil der Mensch dem „leidenden" Christus incorporirt wird, a. 3.

Als **Vorbereitungen** zur Taufe erscheinen die Beschneidung, qu. 70., und in Verbindung mit der Taufe selbst der Exorcismus und bei den Erwachsenen die Katechese, qu. 71.

2. **Die Firmung**, qu. 72., ist das Sacrament zur Vermittlung der Mündigkeit im übernatürlichen Leben, a. 1. Seine Materie ist das Chrisma, a. 2., vom Bischof consecrirt, a. 3., zu dem die sacramentalen Worte: consigno te etc. hinzukommen, a. 4. Die Firmung drückt einen character indelebilis ein, a. 5. und 6. Ihre Wirkung ist die oben angedeutete, a. 7., die durch passende Ceremonien versinnbildet wird, a. 8.—12. Der minister sacr. ist der Bischof, a. 11.

3. **Die Eucharistie**, qu. 73.—84., ist die Speise zur Nährung des übernatürlichen Lebens, a. 1.

a. **Wesen und Einsetzung**, qu. 73. Sie ist wesentlich sacrificium, communio und eucharistia, a. 4., von Christus beim letzten Abendmahl eingesetzt, a. 5. und 6.

b. **Die Materie**, qu. 74.—78., ist Brod und Wein, qu. 74., deren Substanz nun aber durch die Consecration in den Leib und das Blut des Herrn verwandelt werden, qu. 75. Weil mit diesen dann die Seele und Gottheit hypostatisch verbunden sind, so ist der ganze Christus gegenwärtig, qu. 76.; die Accidentien des Brodes und Weines aber bleiben, qu. 77.

c. **Die Form**, qu. 78., des Sacramentes sind die Consecrationsworte. (Vgl. über die Congruenz und Symbolik von Materie und Form, qu. 74. a. 1. und qu. 78. a. 2. und 3.)

d. **Die Wirkungen**, qu. 79., sind analog denen der Speise, speciell Vermehrung der Gnade, a. 1., Anrecht auf die Glorie, a. 2., Nachlassung läßlicher Sünden, a. 4., und Stärkung in der Versuchung, a. 6.

e. **Empfänger der Eucharistie**, qu. 80., kann nur der im Gnadenstand Befindliche sein; anläßlich wird auch über die erste communio beim letzten Abendmahl abgehandelt, qu. 81.

f. **Spender**, qu. 82., resp. Consecrator des Sacramentes ist nur der ordinirte Priester und zwar jeder vi ordinationis.

g. **Der Ritus der Consecration**, qu. 83., ist das Opfer als Andenken und Vermittlung der Früchte des Leidens Christi. (Ueber das Opfer handelt Thomas unter dem Gesichtspunkt des Priesterthums Christi, III. qu. 22. a. 5. und 6. und hier.)

4. **Die Buße**, qu. 84. — suppl. qu. 29. — ist das Heilmittel resp. Wiederbelebungsmittel des übernatürlichen Lebens.

a. **Wesen**, qu. 84.—86. Die Buße ist theils Sacrament theils Tugend. Das Sacrament, qu. 84., ist von Christus eingesetzt; dessen Materie sind die Bußacte des Pönitenten, a. 2., die Form, die Absolution des Priesters, a. 3. vgl. a. 7. (Ueber die Tugend der Buße vgl. qu. 85.)

b. Wirkung des Sacramentes, qu. 86.—90., ist die Nachlassung der schweren Sünden, qu. 86., sammt der ewigen, nicht aber auch aller zeitlichen Strafen, a. 4. Die läßlichen Sünden können auch durch andere Mittel getilgt werden, wie durch die öffentliche Beicht, Gebrauch des Weihwassers, Abbeten des Vaterunser, aber nicht ohne die Tugend der Buße, qu. 87. — Wer nach der Buße wieder in schwere Sünden zurückfällt, dem wachen die alten Sünden nicht auf, qu. 88., wohl aber mit der Buße die frühern Verdienste, qu. 89.

c. Die Theile der Buße, qu. 90., sind die Reue, das Bekenntniß, dem die Absolution des Priesters folgt, und die sacramentale Genugthuung . . . . .

Hier bricht die Summa ab. Vom Tode (1274) an deren Vollendung verhindert, ging es dem hl. Lehrer wie so manchem mittelalterlichen Dombaumeister, der dem steinernen System seines Baues auch nicht mehr die Kreuzblume aufsetzen konnte. Aber behauene Steine zum Ausbau lagen noch da: in den Commentaren zum Lombarden; und so haben denn Spätere durch eine Auswahl der (vielfach gekürzten) betreffenden Artikel das Fehlende der Summa mit einem Supplementum in 98 qu. ergänzt und zwar die Sacramentenlehre in qu. 1.—69. resp. de pœnit., qu. 1.—29.; de unct., qu. 29.—34.; ordo, qu. 34.—41.; matrimon., qu. 41.—69.

Dem ist dann die **Eschatologie** angefügt, welche die Lehre von den letzten Dingen nach der Dreitheiligkeit: was vor, in und nach der Auferstehung geschieht, abhandelt; vor der Auferstehung: die Bestrafung der nicht ganz gereinigten Seelen im Fegfeuer und die Fürbitte für sie, qu. 69.—72.; die Fürbitte und der Cult der Heiligen, qu. 72.; die dem Weltende vorangehenden Zeichen, qu. 73., und der allgemeine Weltbrand, qu. 74.; bei der Auferstehung: der Act der Auferstehung selbst, qu. 75.; ihre Ursache, qu. 76.; Zeit, qu. 77.; Subject, qu. 78.; Art und Weise, als: Identität, Integrität und Qualität des Auferstehungsleibes, qu. 79.—82.; und dann speciell der Verklärungsleib der Gerechten mit seiner impassibilitas, subtilitas, agilitas und claritas, qu. 82.—86., sowie die Beschaffenheit des Auferstehungsleibes der Verworfenen, qu. 86.; nach der Auferstehung: die Erkenntniß des Seelenzustandes der Auferstandenen, qu. 87.; das allgemeine Gericht, qu. 88.; Subject und Object desselben, qu. 89.; die Wiederkunft oder Parusie Christi als Weltrichter, qu. 90.; und endlich der Zustand der Welt nach dem Gericht: der Zustand der Natur und die Erneuerung der Erde, qu. 91.; der Zustand der Seligen: ihre Anschauung Gottes, qu. 92.; seligen Wohnungen, qu. 93.; Gaben, qu. 94., und Kronen (Aureolen), qu. 95.; und dagegen der Zustand der Verdammten: das ewige Feuer, qu. 96.; ihr Seelenzustand nach Erkenntniß und Wille, qu. 97., und die Ewigkeit der Höllenstrafe, qu. 98. Dem sind später noch, unorganisch, drei quæst. über das Fegfeuer und den Zustand der mit der bloßen Erbsünde Abgestorbenen angereiht, die nach qu. 69. einzufügen wären. — Da diese Quæstiones des Supplementums nur gelegentlich an den Text des Lombarden allegirte Untersuchungen, nicht eine einheitlich systematische Abhandlung des Gegenstandes sind, so konnte hier auch von einer Darstellung des Systems nicht mehr die Rede sein. Nach dem Plane der ganzen Summa hätte auch die Eschatologie ein einheitlicher Gedanke durchwaltet: es hätte nun gezeigt werden müssen, wie, nachdem alle Dinge von Gott ausgegangen, und die freien durch ihre moralische Selbstbethätigung sich wieder zu ihm hinbewegt, nun die Guten (aber freilich nicht in jenem pseudomystischen Sinn der Araber, als Aufgehen des Individuums in Gott) mit der Gottheit ewig vereinigt werden nach dem Grundgedanken der Summa: „von Gott, zu Gott, durch Christus", **in Gott**; wie sie da in vollständiger Auswirkung ihrer perfectio prima et constitutiva zur perfectio secunda vel finalis, jenes semen gratiæ, das in sie gelegt ward (cf. I. qu. 62., a. 3.) zur herrlichen Blume und Frucht entwickelt und in dieser Vollendung ewig glückselig sind; wie so durch diese Entwicklung und Vollendung jenes nach den ewigen Ideen intendirte Kunstwerk Gottes zu seiner Vollendung und Abrundung gelangt, in dem selbst die Bösen nur wie der wohlvertheilte Schatten das Lichtbild hervorheben müssen, dessen Centrum und Alles verklärende Sonne ist: Gott, hochgelobt in Ewigkeit.

* * *

Ist nun auch dem hl. Lehrer nicht mehr vergönnt gewesen, diese abkrönende Kreuzblume dem gewaltigen System seines theolog. Lehrgebäudes aufzusetzen, so steht dasselbe doch da als eine ebenso einheitliche, auch äußerlich symmetrische und groß gedachte Erscheinung aus der Blüthezeit des Mittelalters, wie jener erhabene Dom am Rheine, dessen Plan vielleicht er noch geschaut; als die bis dahin einheitlichste christliche Weltauffassung, wie die Gothik der einheitlichste Kirchenbau war, in der, mit weniger Sinn für's Historische, der Mensch mehr subjectiv gefaßt, in seinem Ausgang von Gott, in seiner Hinbewegung zu Gott durch Christus geschildert und so Dogmatik und Moral, Speculation und Mystik zu Einem geschlossenen Ganzen vereinigt und das Ganze auf die Grundform des Kreuzes gestellt wird: **von Gott zu Gott durch Christus.** — Es kamen neue Culturepochen, die der Renaissance und Neuzeit, mit mehr Sinn für's objectiv Geschichtliche; sie entwickelten gewisse Parthien auch der theolog. Wissenschaft vollkommener und weiter, hoben die einzelnen Disciplinen selbständig heraus und legten bei der Vorliebe für das Historische dem Ganzen ein neues Eintheilungsprincip zu Grunde: die augustinische Idee vom „Reiche Gottes", wodurch besonders eine objectivere Auffassung der Geschichte (als Gottesdrama), der Offenbarungsgeschichte und Kirche ermöglicht war; allein wie in der Kunst der dieser Bewegung analoge Renaissancestyl zwar auch von der Gothik abweichende neue Formen dem Kirchenbau zu Grunde legte, aber doch, wenn er ein kirchlicher bleiben wollte, sich auf den alten traditionellen Grundriß, das Kreuz, aufbauen mußte: so wird auch ein jedes spätere christliche Lehrgebäude, möge es ein originales oder eine Art Renaissance der Väterzeit oder des Mittelalters sein, wenn anders es ein wahrhaft kirchliches sein will, sich auf die ewigen und unverrückbaren Principien aufbauen müssen, die der Summe des hl. Lehrers zu Grunde liegen. Diese aber wird für alle Zeit dastehen als eines der großartigsten und einheitlichsten Systeme christlicher Weltauffassung und als eine wahre
Summe oder Inbegriff natürlicher und übernatürlicher Weisheit.